남은 생애生涯 존졸이 써봐야 할 턴데

남은 생애生涯 존졸이 써봐야 할 턴데
전민 칼럼집

지은이 | 전　민
펴낸이 | 김명수
펴낸곳 | 도서출판 시아북(詩芽Book)
발행일 | 2022년 7월 17일

출판등록 | 2018년 3월 30일
주소 | 대전광역시 동구 선화로214번길 21(3F)
전화 | (042) 254-9966, 226-9966
팩스 | (042) 221-3545
E-mail | daegyo9966@hanmail.net

값 15,000원

ISBN 979-11-91108-42-2(03800)

* 저자와의 협의에 의해 인지를 생략합니다.
* 잘못된 책은 바꿔드립니다.

* 이 사업은 (재)대전문화재단 대전문화재단 에서 사업비 일부를 지원 받았습니다.

남은 생애生涯
존졸이 써봐야 할 턴데

전민 칼럼집

작가의 말

과거는 아름다웠고
인연은 하나같이 고마웠다

용돈을 쓰듯 많이도 써버렸다. 반은 썼을까, 그 이상을?
남은 생애 존졸이 써봐야 할 턴데, 누가 보태줄 것도 아니고…
이십 대 초반에 작은 소망을 품고 교단에 첫발을 들여놓은 후
문학의 길도 슬쩍 한 발을 걸쳐 놓고 반백 년 이상을 걸어왔다.

시는 매일 먹는 끼니처럼 꼭꼭 챙겨 시집으로 묶어 보았지만
그간 신문 잡지 세미나 등에 간간이 써 놓은 단편적인 산문들은
여러 곳에 산발적으로 흩어져 있어 한 번은 모아놓고 싶었다.

부끄럽지만 용기 내어 감히 책으로 펴내 곁쳐 다시 읽어 본다.

지금까지 살아오면서 만났던 수많은 생각이나 사람들과 언젠가는 헤어져 희미해저 가는 기억조차 낙엽처럼 떨어져 여기저기 굴러다니는 날.

나는 큰소리로 외치리라.

〈과거는 아름다웠고 인연은 하나같이 고마웠다〉

2022. 7. 1

전 민

차례

작가의 말_ 004

1부 시는 나의 영원한 고향이자 순수한 사랑

나의 가족, 나의 조상 이야기_ 012

족보에 나타난 담양 전씨潭陽田氏 효자 전_ 019

나의 시 나의 문학 이야기_ 034

시는 나의 영원한 고향이자 순수한 사랑_ 038

재미있고, 깊이도 있는 글_ 051

현대 서사시의 영역 찾기_ 056

영원한 우정을 다질 수 있는 계기_ 059

70년 전통《호서문학》의 어제와 오늘 그리고 내일_ 066

2부 우리는 지금 고구려로 가고 있다

변화하는 매체 미디어 환경에서 문학 활동_ 078

우리는 지금 고구려로 가고 있다_ 086

대숲 아래서 박목월 시인과 산책_ 107

문단의 큰 별 문덕수 선생님 별나라로 아주 이사 가셨네요_ 112

내가 너무 성급히 달리었나?_ 115

문화의 요람, 대전·충청권 건설_ 118

빛과 색깔 웃음을 잃은 장전항과 온정리 마을_ 121

국민 속으로 성큼 들어오는 법원_ 127

3부 최선을 다하는 모습은 아름답다

접어야 한다, 교육자치법 개정을_ 132

행복해지고 싶은 행복도시_ 135

공교육의 정상화를 위하여_ 138

교장 공모제 합당한 제도인가_ 142

교육자치 선거 들러리 아니다_ 146

교육현장의 한 목소리_ 150

최선을 다하는 모습은 아름답다_ 153

통일교육의 문제점과 바람직한 발전 방향_ 156

4부 심금을 울리는 고향 하늘 아래의 작은 북소리

현존 대전·충남 최 장수 시 전문 동인지 『새여울』_ 166
심금을 울리는 고향 하늘 아래의 작은 북소리_ 217
잔잔히 가슴을 적셔오는 진실된 삶의 목소리_ 224
주제가 선명하며 솔직한 표현의 글이 감동을 준다_ 238
분단 비무장지대(DMZ)의 시문학운동_ 251
고등학교 교가 가사에 담긴 대전의 정신_ 268

남은 생애生涯
존졸이 써봐야 할 턴데

전민 칼럼집

1부

시는 나의 영원한 고향이자
순수한 사랑

나의 가족, 나의 조상 이야기

 한 가정에서 첫 손주는 가장 예쁘고 사랑스러운 것은 부인할 수가 없을 것 같다. 할머니도 첫 장손주인 나에게 모든 정성을 다해 돌봐 주셨다. 음식 솜씨가 남다르게 뛰어나신 할머니가 동네 잔칫집에 뽑혀가서 일하시다가 시루떡 쪽 하나라도 꼭 챙겨와 손자를 먹이시는 것이 큰 즐거움 이셨다. 할머니는 내가 결혼하여 첫 딸을 낳았을 때까지도 고향을 지키시며 사셨다.
 할아버지에 대한 기억은 아주 희미하게 상투를 튼 조그마한 체구에 흰옷을 정갈히 입으시고 집 뒤 큰 소나무 밑에서 왕골자리를 만드시며 낮에도 내려와 닭을 채가던 여우를 망보시던 모습뿐이 전부다.

아버지는 젊으셨을 때 징용으로 일본까지 끌려 가셨다가 살아오신 분이다. 젊으셨을 때는 건장한 체구에 힘도 세신 농부로 사시다 팔십이 좀 넘으면서 병석에서 몇 년을 고생하시다 어머니가 다니시던 교회의 묘지로 먼저 이사 가시었다. 어머니도 몇 년 후 따라 가시었다. 권사이셨던 어머니와 함께 오순도순 이 세상 살아 계실 때처럼 잘 지내시리라 본다.

아내는 가난한 선비 집안에 시집와 경제적으로 많은 고생을 감수하면서도 아이 셋을 성실하고 반듯하게 잘 키워주었고 없던 집도 장만해 조금씩 늘려 지금은 발 쭉 뻗고 편안하게 살아 갈 수 있게 해준 나의 고마운 동반자이다.

나는 하루 종일 책상 앞에 앉아 다른 사람들이 보면 책들과 비생산적으로 놀고 있는데 아내는 그래도 여전히 요가도 하고 성당도 열심히 나간다. 우리 가족 중에서 어느새 내가 서열 1위의 큰 어른이 되었다.

2017년은 내가 칠순이 된 해이고 미뤄오던 세례도 겨우 받았다. 한마루 가족으로는 서열 2위인 아내와 둘이 살고 있다.

전 민田 玟의 본명은 전병기田炳基는 담양 전씨 28대 손, 아호는 녹원綠苑, 1948년 10월 23일(음력) 충남 홍성 은하면 출생, 대하초, 홍성중, 홍성고(68), 공주교대(70), 충남대교육대학원(89)을 졸업, 교육학석사 학위를 받았다. 초등교사 7년(대하, 쌍류, 연봉), 중학교 교사(음암), 고등학교 교사(해미, 한밭상, 충남여, 한밭고, 유성농, 유성고, 충남고, 가오고, 전민고) 33년간 국어교사로 시를 쓰며 학생을 가르쳤다. 새여울시문학 동인회를 나태주, 윤석산, 이관묵, 구재기, 김명수, 안홍렬, 송계헌 시인 등과 창립하여(1971년) 동인 활동을 하면서 월간〈시문학〉을 통해 등단하였고(1985). 시집으로는『주민등록증을 갱신하며』,『가을비 곱게 내리는 저녁나절에는』,『그대마음 훔쳐 싣고』,『가슴꽃 이야기』,『바람꽃 해후』,『그리움에 불타는 마음밭』,『불꽃놀이』,『신사미인곡』,『움직이는 풍경화』,『도망친 암소』,『바람은 잠을 이루지 못한다』,『행복은 비워둔 자리를 채운다』 등 12권과 칼럼집『남은 생애 존졸이 써봐야 할 턴데』가 있다. 1993년 대전엑스포 당시 대전문인협회 사무국장 3회, 1952년 창간한 한국 최고령종합문학지인 호서문학회 회장 2회를 역임한 후, 한국시문학문인회 대전·충남지회장, 한국현대시인협회 부이사장, 한국문인협회 이사, 국제pen한국본부 이사 겸 조직운영위원회 위원장, 호서문학회 명예회장 등의 직을 맡았거나 유지하고 있다. 수상은 대전문학상(1993) 대전시인상(2003), 대전시문화상(2004년 대전시장), 모범공무원상(2006 국무총리), 황조근정훈장(2012 대통령) 대한민국 예술대전 시부문 명인대상 (2018 국회문화체육위원장), 문학시대 대상(2018 문학시대문학대상운영위원장) 한국현대시인상(2021 한국현대시인협회 이사장) 등을 수상하였다.

대전광역시 서구 둔산북로 160, 109동 202호(한마루아파트)에서 아내 홍종온(안나)와 둘이 살고 있다. 가족으로는 아들(田가람

1981. 1. 16 생) 하나에, 딸(田새해 1976. 8. 11 생, 田코람 1979. 1. 18. 생) 둘에 사위와(김복렬, 유지상), 친손주(田가연), 외손주(김새봄, 깉미르, 유재일, 유준일) 총 13명이 있다.

큰 딸네 가족은 둔산동에서 고등학교 교감인 큰 사위와 손자, 손녀 남매를 두고 근면 성실하게 행복한 생활을 하고 있다. 둘째 딸네는 역시 둔산동에서 책임연구원인 작은 사위와 손주만 둘을 온 정성을 다하여 키우며 잘 살아 가고 있다. 담양 전씨 29대 손이자 장남인 아들도 대전에서 손녀 하나를 키우며 H은행 차장으로 근무하고 있다. 손주 하나만 더 얻으면 둔산동 가족은 14명이 되고 나의 큰 소원인 정원이 꽉 찬다.

나의 조상 이야기로 담양 전씨 경은파 족보를 펴보면 나는 담양 전씨潭陽 田氏 28대 손이다.

시조始祖는 28대조 전득시田得時공, 고려 중엽 전남 담양 출생하여 현량문과 급제한 후에 관직은 좌복야(左僕射 - 正2품), 참지정사(參知政事 - 從2품)

고려 말 절의 깊은 충의를 지키며 이태조의 벼슬 권유에 불응하던 전씨 3은 楚隱(야은), 耒隱(뢰은), 耕隱(경은) 3형제 중 막내, 21대조 고려말의 석학 경은 전조생田祖生의 관직은 찬성첨의부사(贊成僉議府事 - 정2품)

1392년 7월 이성계가 새로 역성혁명에 성공하자 순절함
공은 7세 때 중용中庸을 읽고 벽상壁上시를 지었지

고려와 조선조를 내려오면서 문과 급제 127명, 봉군 15명, 판서 22명, 정승 3명에다 고려 말의 석학 전조생, 조선조 전운상의 해골선海鶻船 발명, 임진왜란 시 왕의 피난을 도운 전윤田潤, 전득우田得雨
한말 성리학의 대가 전우田愚, 일제 때 의사義士 전명운田明雲

20대조 경은耕隱공의 차남 21대조 전 엄田淹공이 홍주에 입향하면서 우리는 보령공파保寧公派 20대조 전 엄田淹의 관직은 통선랑(正5품) 보령현감
고려조의 공신으로 이성계의 역성혁명易姓革命에 반대하며 산중에 살다 중앙의 관직에서 밀려나 보령현감으로 마감

9대조 자천 전운상 공은 보령현감保寧縣監 전엄淹공의 12세 손, 경은공의 13세 손으로 조선조 영조 때 3도 통어사 겸 수군절도사, 24세에 무과에 급제하여 어영대장, 용호대장에 제수 되고, 44년간의 관직 생활, 해골선海鶻船과 독륜병차獨倫兵車 발명
8대조 성제 전광국 공은 충청도 수군절도사, 1740년(26세) 무과武科급제 후 관직은 절충장군행 공청도수군절도사, 가선대부

병조참판 겸 동지의금부사 훈련원 도정이었고 공은 시, 서, 화에도 뛰어나 연경과 일본을 다녀온 후 연경일기, 도해일기와 시집 1권, 화첩 1권도 남겼다.

7대조 전문현공은 광국의 장자이며 자천공의 손자로 1765년(25세)에 무과 급제 후 관직은 가선대부동지중추부사 겸 오위도총부부총관지훈련원사

6대조 전응성田應聖공은 문헌공의 장자이자 광국공의 손자로 벼슬은 병절교위용총위부사과 1811년 4월 20일 향년 49세로 서거, 결성면 형산리 평산에 부유하게 살았다. 추수가 200여석이 넘었으며 10여명의 노비가 노역을 담당하니 관직에 나가 오래 머물지를 않고 고향의 넓은 집에서 독서를 하며 살았다.

5대조 전경순田慶淳 공은 응성공의 長子, 문헌공의 손자, 광국공의 증손자(1786년 4월 7일 생), 1829년 5월 12일 향년 53세로 卒, 벼슬은 통덕랑, 부인은 전주 이씨

고조 전우규田禹圭 공은 경순공의 子, 문헌공의 증손자(1808년 순조 무진 5월 3일 생, 임진 12월 10일 졸), 부인 광산 김씨

증조 전홍진田泓鎭공은 우규공의 양자, 생부는 인규공, 경순공의 손자(1855년 2월 23일 生), 1894년 4월 21일 40세 卒, 부인 양주 조씨

공은 큰아버지의 뒤를 이었는데 10월 달에 부모가 병이 나 수박을 원했으나 철이 지나 구하기가 어려웠으나 하늘에 부르짖고 탄식을 하니, 꿈속에서 한 노인이 나타나 지시를 하여 가서 보니 과연 수박이 있었는데 제철에 난 것과 같았으며 그것을 가져다가 대접하니 주변에서 효자라 칭송이 자자하였다.

조 전용갑田溶鉀 공은 청렴 근검한 학자, 병술 12월 7일 생 계사 11월 9일 졸

아들(田弼秀, 振秀) 2에 딸 2을 두었으나 큰 딸은 북한의 원선손에 출가

둘째는 김학현에 출가 하였고 둘째 아들 진수振秀는 6.25 한국전쟁에 출전하여 무명지에서 전사하였다.

부 전필수田弼秀공은 마지막으로 고향을 지킨 시골 할아버지(1923년 7월 9일 생, 2011년 3월 26일 졸(2월 22일, 음), 대하교회묘지에 안장됨. 배 홍주 이석희(1930년 12월 23일 생, 2016년 9월 23일 졸(8월 23일[음]), 대하묘지에 부군과 합장함. 아들 병기(炳基, 1948년 10월 23일 생)와 병구(炳球, 무술 12월 16일 생)와 딸 병례炳禮, 병희炳喜, 병순炳順 셋이 있다.

족보에 나타난 담양 전씨潭陽田氏 효자 전

* 전득시田得時(담양전씨潭陽田氏 시조始祖)

 4세 때 부터 글을 배우기 시작하여 십 오 륙세가 되니 점점 학문이 높아지자 이름난 선생님을 찾아가 공부를 더 열심히 했다. 근처의 다른 성씨들의 청년들과 같이 학문을 연마한 중에서 매우 뛰어나 선생님의 칭찬을 한몸에 받았고 친구들의 부러움을 독차지 했다.
 부모에게도 효성이 지극하여 근동의 아녀자들의 입길에 올라 딸을 가진 집안들이 속으로 탐을 내 매파媒婆들이 자주 드나들기도 했다. 가문이 부유하니 문전에 손님들이 장꾼같이 모여들었고 친불친親不親을 따지지 않고 모두다 공손히 접대하고 문밖까지 따라나가 전송餞送하니 사람들의 칭송하는 소리가 널리 퍼지게 되었다. 소문이 입으로 입으로 전해져 멀리 개경에 사는 왕족들 귀에까지 들리게 되었다. 어느날 임금하고 가까운 사람이 담양에 내려가 조용히 염탐을 하고 손님을 가장하고 田씨 집을 찾아가 하룻밤을 자면서 이야기를 해보니 효도는 물론 학문이 뛰어나기가 조정 안의 높은 관직에 있는 사람들도 따라가기가 어려워 보였다. 그 왕족이 개경에 돌아가 공의 행동거지를 자세히 임금에게 전하니 임금이 듣고 "德이 있는 자가 호장을 맡아 백성들을 다스려야 임금의 인정仁政이 방방곡곡에 고루고루 퍼져 원성을 가진 백성들이 감화感化될 수가 있다."하고 공을 戶長(고을을 다스리는 우두머리)으로 임명하였다.

* 전좌명(田佐命, 1424년~1521년)

효성이 지극하여 어머니가 온 몸을 쓰지 못하고 병상에 누운지 7년이나 되었는데, 늘 자기가 약을 달이고 몸소 오줌 그릇을 받들었으며, 어머니가 돌아가시자 무덤을 지켰다. 이후에 또 아버지가 죽자, 어머니와 합장合葬하고 4년 동안 여막에 살았으며, 상기喪期를 마쳤는데도 떠나지 않았으므로, 마을 사람들이 법을 들어서 개유開諭했으나, 또 3월 동안을 머물러 있으면서 슬피 울기를 그치지 않았다고 전한다. 1432년(세종 14)에 예조에서 효행 있는 자에게 정문旌門을 세우고 서용敍用토록 아뢴 바 있다. 경북 구미에는 전좌명 효자 정려각田佐命孝子旌閭閣과 무이재武夷齋가 있다.

* 전내적(田 乃 績, 1599년~1655년)

　조선 후기의 문신·효자. 본관은 평택平澤. 자는 공복公復, 호는 석포石浦. 부사 전득시田得時의 후손이다. 어릴 때부터 스승을 따라 외지에서 생장하면서 아침 저녁으로 어버이가 있는 곳을 향하여 절을 하였다. 《소학》과 《심경心經》 등을 애독하였다. 평시에 항상 조용히 정숙하게 앉아서 글을 읽었으며 함부로 웃지 않았다. 어버이가 중병에 걸리니 손가락을 잘라 피를 먹이기도 하였으며, 밤마다 향을 사르며 어버이의 죽음을 대신하기를 하늘에 빌었다. 효행으로 1652년(효종 3)에 서빙고별검西氷庫別檢으로 천거되었다.

* 전만석田萬石

  1646년(인조 병술)11월 20일 출생 하여 1711년 11월 29일 향년 66세로 서거하였다. 소종가에서 대종가에 이어 선조의 제사 받드는 일에 정성을 다하였고 자손들에게도 "효도하고 근신하는 것이 가훈家訓이니 잘 받들어 소홀이 하지 말라"고 늘 일렀다.
  효를 실천하며 집안에서 오직 경서經書를 읽으며 스스로 위안을 삼았고 매우 부유富裕하였으나 전답田畓을 늘리기를 권해도 듣지 않고 가난한 이를 구제하고 생활이 어려운 사람의 처지를 가엽게 여겨 돕는데 늘 힘을 썼다.

* 전시혁(田始赫, 1697~1742)

  부호군副護軍. 字는 대경大卿. 본관은 담양潭陽. 장기현감으로 있을 때에 흉년을 당하자 양곡 260여석을 내놓아 백성들을 구제한 공으로 감사監司 유척기俞拓基가 계문함으로써 유지諭旨와 마필馬匹을 받았다. 임술 5월에 46세를 일기로 별세하였는데 남당 한원진이 조만에서「功各奉爲親」이라 한 것은 평일에 그의 효행을 말한 것이다.

* 전한노田漢老(시조始祖 전득시(田得時 9세 손))

성품이 뛰어났고 효도가 지극하여 겨우 9세에 아버지가 痢疾로 설사를 하자 분糞을 맛보고 서거하시자 소금에 절인 채소를 삼년이나 먹지 않았고 여묘살이를 했고 13세에 어머니가 돌아가시자 똑같이 했다. 임금이 듣고 그런 연고로 군적에 올려 급료를 주고 위로 했다. 임금이 석성에 효자문을 세우게 하고 여지승람과 삼강행실록에도 기록되었다.

* 전시원田始元(경은(耕隱)공의 12세 손)

1730년 2월 12일(54세 영조 6년) 田始元은 한양과 시골을 오가며 살았는데 노부모가 계시기 때문이었고 타지방으로 관직을 제수 받으면 사직하는 일이 많은 것도 부모가 고령이므로 모시기가 어려웠기 때문이었다. 조정에서 특별 배려로 고향인 홍주영장洪州營將으로 제수하여 나간 것도 부모를 가까이 모실 수 있는 이유였는데 다음해인 1731년(55세) 10월 12일에 서거하였다. 공은 효심이 지극하여 생양가生養家부모가 돌아가시면 몸을 돌보지 않았고 9년간 상중喪中에 있었으며 生父인 監察공의 상喪을 당해 너무나 슬퍼한 나머지 몸이 지쳐 병이 나서 회복하지 못하고 별세하였다.

* **전천상**田天祥**의** (재취 숙부인은 열녀 廣州 李씨, 父 洽,
(1723년 12월 15일 生)

19세의 나이로 공에게 시집을 와 10년을 살았는데 남편이 병이 나자 정성을 대해 간호를 했으나 끝내 상喪을 당하였다. 당시 시어머니 貞夫人은 큰아들인 자천紫泉공이 춘천부사로 재임 중이어서 춘천관아春川官衙에 계셨는데 비보를 듣고 사람을 보내어 너그러운 위로와 훈계를 전했는데, 숙부인 광주 李씨는 도리어 시어머니를 위로와 감사의 편지를 전하여 위 어른을 안심시키는 여유를 보이기도 했다. 그러나 6월 7일 장례를 마친 후 입에 곡물을 끊고 지내다 끝내 슬픔을 이기지 못한 나머지 1751년 7월 2일 향년 29세로 남편을 따라 순절殉節하였다. 무육撫育, 순찰사의 장계로 5년이 지난 1756년 5월 朝廷에서 烈女로 표창하여 홍성군 은하면 대율리 노변에 열여각烈女閣이 있다.

* **전은상**田殷祥

성품이 엄하면서도 따뜻하고 정신이 담백淡白했으며, 과거에 합격하던 다음 해에 母夫人이 서거하자 奉養을 못한 것을 평생 한으로 여겼으며, 엄군(嚴君 – 아버지)이 집에 계실 때는 먼 지방의 고을 수령守令으로 나가서도 여러 차례 돌아와 안후를 살폈고, 선비(先妣 – 돌아가신 어머니)께서 늘 소박한 살림으로 명주 1척도 함부로 쓰지 않았다며 子孫들을 훈계하며, 조복朝服 이외는 비단 옷을 평생토록 입지 않았고 늙어 죽을 때가지 부모를 그리는 정이 변함없어 듣고 보는 이들이 감탄하였다.

* 전광국田光國(紫泉공의 次子)

효성이 지극하여 어머니 貞夫人이 적리赤痢에 걸려 자리에 눕자 손수 병을 간호하다가 母夫人은 회생을 하였으나 공이 전염이 되어 안타깝게도 서거하고 말았다. 공은 연경을 다녀와선 연경일기燕京日記를, 일본을 다녀와선 도해일기渡海日記를 남겼고, 또 시집 1권과 화첩 1권이 전한다.

공의 번역된 詩에
효도하고자 하나 부모를 편안케 못하고 / 충성은 도리어 임금을 저버리는 것 같도다. / 쓸쓸한 객관 삼경 달밤에 / 누워서 바람소리 듣고 낙양을 생각한다. / 종일토록 돗자리 깔고 누웠으니 / 녹음 속에 매미소리 요란하구나! / 북창에 때때로 서늘한 바람 불어오니 / 상고 의황의 뜻에 부끄러움이 없어라.

* 전의현田義顯(紫泉공의 손자)

통정대부(정 3품)로 승진하여, 三水부사로 임명 되었으나 어머니가 연로하여 나가지 않음, 임금의 특교로 1791년 6월 24일 통정대부행陽德현감으로 나감(有교지), 이 때 임금이 너희 형제가 같이 西邑으로 부임하여 老母를 봉양하게 되었으니 효자라고 말하였고, 또 궁중 잔치가 있을 때는 종이와 노끈을 주고 음식을 老親에게 내려 효로써 다스리는 임금의 뜻을 펴기도 하였다.

* 전응주田應周

23세 때 드디어 사마시(司馬試)에 장원급제壯元及第를 하니, 祖와 父를 이어 3대가 내리 司馬試에 합격을 하여 집안에 큰 경사가 났으나, 어찌된 일인지 더는 청운靑雲의 꿈을 접고 집에서 조용히 지내면서 극진한 효도로 부모를 모시어 근동에 모범을 보이니, 1810년(29세)에는 효도로 유림儒林의 추천을 받았으며, 1822년(41세)에는 또 수천(繡薦 – 수놓은 옷을 받는 추천)을 받았는데 "성품이 본디 깨끗하여 절조 있는 행동과 검소함이 몸에 배어 맑은 덕德이 흐르는 군자"라고 하였다.

공은 1828년(47세)에는 향교 유림儒林의 추천을 받았고, 1831

년(50세)에 禮曹에서 또 다시 추천을 하였는데 "효도하고 친족 간에 화목하고, 이웃을 사랑함이 하늘에서 나온 것 같다."고 하였으나 끝내 관직에 나기기를 고사하였다.

* 전경은 田慶殷

신체가 健壯하고 性度가 곧았으며 효도로 부모를 극진히 모시었고, 형제간에 우애에 힘쓰며 자식을 교육하는 데는 엄명하였고 손님을 접대함에는 온화하고 공손했고, 아버지 영장공의 청백하심을 집안에 전수하고 잊지 않도록 힘을 쓰며 형이 먼저 세상을 뜨자 형수와 어린조카를 정성 것 돌보며 祭祀를 받들고 先塋을 보살핌이 한결같았으며 농사가 풍부하고 뽕나무를 심어 명주를 짜도 衣食에 사치함이 없었다.

* 전홍진 田泓鎭(28대 손 전병기 田炳基의 증조부)

1855년 2월 23일 生, 1894년 4월 21일 40세 卒, 큰아버지의 뒤를 이었는데 자식으로 부족한 것을 뉘우치고 제삿날이 돌아오면 제수를 만드는데 정성을 다해 정결하게 하였으며, 孝로써 본

부모를 공양하였다. 집안 형세가 어려웠으나 나무를 베고 밭을 갈아 궁핍하지 않게 음식을 제공하고 날이 저물면 부모 잠자리 보살피기를 小學 편에 나오는 구절을 상기하듯 행하였고, 병이 나 약으로 효험을 보지 못하자 3일을 기도하니 하늘이 감동하여 약을 구하러 나갔다가 호랑이가 업어다 주는 기이한 일도 있었으며 급기야 喪을 당하여 슬퍼하는 가운데도 禮로서 하며, 부모가 80에 접어들자 늘 곁에서 지키며 반찬과 약으로 지극히 정성을 다 하였다. 1891년 10월 달에 부모가 병이 나 수박을 원했으나 철이 지나 구하기가 어려웠으나 하늘에 부르짖고 탄식을 하니, 꿈속에서 한 노인이 나타나 지시를 하여 가서 보니 과연 수박이 있었는데 제철에 난 것과 같았으며 그것을 가져다가 대접하니 주변에서 효자라 칭송이 자자하였다. (重齋 溶稑공 見之) 부모가 목에서 가래침이 나오면 그것을 혀로 맛을 보며, 병이 나면 똥을 맛보아 단지, 쓴지를 시험하였고 급기야 돌아가시자 몸을 돌보지 않고 애통하여 기력이 쇄하기도 하였으며, 집과 묘소가 조금 멀었으나 풍우상설風雨霜雪을 헤치고 조석으로 산소에 가서 곡을 하니 어느 날은 저물었는데 큰 호랑이가 길을 인도하기도 하였다.

- 출처 및 참조 : 담양전씨 대동보 담양전씨 운경가족 Daum 카페

전민 문학촌

* 전양진 田穰鎭

  1872년 5월 1일 生, 1943년 7월 24일 향년 73세 卒 신체가 雄大하고 언변言辯이 호쾌豪快하여 듣는 이로 하여금 닦아 앉게 하였으나, 부모 앞에서는 공손하여 음성이 작고 더디게 나왔으며, 父母가 늘 입가에 미소를 짓고 화평한 가운데 거처하게 보살펴 효도함이 극진하였다. 때가 어지러워 일본의 침략행위를 보고 비분강개하여 뜻을 같이 하는 들을 모우고 170여인과 모의하여 파리강화회의에 독립청원서에 서명하여 보낸 일로 옥고를 치렀으나 끝내 의지를 굽히지 않았으며, 애석하게도 광복을 보지 못하고 서거하다.

    – 출처 및 참조 : 담양전씨 대동보 담양전씨 경은파 약기 | 작성자 전성배

* 효부 담양 전씨 지비

  성은 전田씨요 관향貫鄕은 담양潭陽이며 문원공文元公 경은선생耕隱先生 조생祖生의 후손이요. 면양勉穰의 끝이다. 태어날 때부터 남다른 기질이 있어서 맑고 삼감을 몸가짐으로 하였다. 진미珍味가 있으면 부모에게 주어서 먹였고 간수했다가 다시 나누어주었다. 나이 열여덟에 의령 남상희南尙熙에게 시집갔는데 남

상희는 곧 추계선생秋溪先生 진振의 후손이요 치련致連의 아들이다. 시집가니 시아버지는 이미 죽어 시아버지의 섬김을 얻지 못한 것이 지극한 한이 되었다. 날마다 지극한 정성으로 시어머니를 섬겼고 남편의 전처인 하씨는 자녀를 두지 못하고서 일찍 죽었는데 제사는 반드시 깨끗하게 치렀다.

  나이 스물넷에 남편이 병을 만나 죽으니 통곡하고 가슴 치며 기절하여 구원에 힘입어서 갱생하였다. 그러고서 후회하며 가로되 내가 어찌 차마 늙은 시어머니를 거듭 상심케하겠나 하고 곧 슬픔을 숨기고서 감히 문물을 흘리지 아니하였다. 집이 본래 가난하여 끼니를 이어가기 어려워서 김매고 나무하고 하여 낮에는 길쌈에 맡겨 베짜고 밤에는 입에 맞는 음식과 몸을 편히 하는데 일로 삼아서 시어머니에게 빠뜨림 없이 하였다. 시어머니가 오래도록 학질瘧疾에 걸렸는데 다른 음식은 즐김이 없고 생미꾸라지 즙을 원하였다.

  때는 추워서 구하기 어려웠지만 얼음을 깨어 진흙을 파서 이어드렸고 사람의 살점이 학질을 낫게 한다는 말을 듣고 가만히 허벅지를 베어서 달여 드리니 마침내 차도를 얻었다.

  고을과 마을에서 모두 탄식하며 지극한 효도라 일컬고 술과 안주를 갖추어서 노고를 상주려 하니 굳이 물리치며 가로되 늙은 시어머니로 하여금 단맛도 빠뜨리고 병에도 걸리게 한 허물이 나에게 있고 잘 봉양하지 못한 죄 속죄하기 어려운데 하물며 감히 외람되게 이를 받겠나 하고 마침내 듣지 아니하였다. 시어머니가 죽음에 이르러서 부신(附身:시체에 입히는 옷과 널 등)을 능히 유감없게 하고 피눈물로 울며 삼년상을 넘겼다. 이때 고을의 인사人士가 그의 행장行狀으로써 고을에 드러내려 하였으나 마침 국가가 위태롭고 어지러워 임금에게 들림을 얻지 못했다.

아깝도다! 유인이여 병신丙申년에 태어나서 을묘乙卯년에 죽으니 향년이 여든이라 다만 딸만 길렀으니 친족 아들 상주相周로써 후사後嗣로 삼았다. 상희尙熙, 재종, 두희二熙, 락희洛熙가 지극한 행함이 빠질까 두려워서 장차 그 행적을 돌에 실을 재, 행장行狀을 안고서 명銘을 청한 자는 상해相海, 상중相重이었다. 새겨 가로되 담양전씨의 유인은 어질고 곧고 맑은 자질이라 효도와 열녀를 온전히 하였네. 얼음을 깨어서 디꾸라지 구하여 이바지하기를 반드시 경건히 하였고 허벅지를 베어드리니 학질이 낳았다. 돌에 새김이 천추토록 밝아 오리니 마침내 삼강오륜이 떨어지지 아니할 진저.

- 출처 및 참조 : 의령충효열록(상) - 의령문화원(2000. 1. 30.)

다음 블로그 - 여경汝梗 弼有餘慶 - 남여경

* 김보순金輔淳의 처妻 **담양전씨**潭陽田氏

　김보순의 자字는 의집義執이다. 1861년(철종 12)에 태어나 1907년(순종 1)에 사망하였다. 부모를 봉양함에 두 사람이 똑같은 마음으로 합심하여 있는 힘을 다하였다. 특히 할아버지 감찰공監察公 김장옥金章玉이 효행孝行으로 탁월한 행적을 남겼는데도 부부의 효행이 세상이 널리 알려지지 않자, 김보순은 그 사실을 격쟁擊錚까지 하여 임금님에게 알려드림으로써 마침내 할아버지 김장옥의 정려가 세워지게 되었다. 김보순과 처 담양전씨의 효행이 탁월하자 개인이 비용을 들이고 고을의 협조를 얻어 1878년(고종 15)에 김보순과 처 담양 전씨의 정려가 세워졌는데, 이때 세워진 정려가 지금도 군산시 옥산면 쌍봉리 북내 마을에 그대로 남아 있다.

- 출처 및 참조 : 담양전씨 경은파 약기 | 작성자 전성배

* 울진 담양전씨 열녀

　담양전씨는 전재남田在南의 딸이자 신안주씨新安朱氏 주진구의 처로, 어릴 때부터 효성이 지극하였으며 출가 후에는 시부모와 남편을 극진히 섬겼다. 중병에 걸린 남편이 지극한 간호에도 세

상을 떠나자 식음을 전폐하다가 17일 후 남편의 뒤를 따랐다.

1931년 10월 열녀 담양전씨潭陽田氏를 기리기 위하여 비를 건립하였다. 경상북도 울진군 원남면 금매리 국도 7호선 도로변에 있다. 단칸 규모의 맞배지붕 기와 건물이다. 안에는 높이 1미터의 비석이 놓여 있는데, 앞면에 열녀주진구처전씨지려烈女朱鎭九妻田氏之閭라는 명문이 새겨져 있다.

- 출처 및 참조 : [네이버 지식백과] 울진 담양전씨 열녀비각 (두산백과)

나의 시, 나의 문학 이야기

내가 태어난 고향은 충남 홍성, 만해 한용운, 백야 김좌진 장군이 태어나신 곳과는 저울산을 경계로 한 이웃 동네다. 어려서는 두 애국자에 대하여 잘 몰랐지만 자라나면서 나도 두 분처럼 양심에 불을 붙여 놓고 강직하게 살아가겠다는 생각을 하곤 하였다. 내가 아주 어렸을 때 초등학교 때, 김좌진 장군의 아드님인 김두한 두목이 국회의원에 나왔을 때 유세를 다니다 찦차에 나만 태워 동네 한 바퀴를 돌아준 일이 생각 난다. 대 여섯 명의 쪼무래기들 중에서 유독 나만 차에 타라고 선택을 받았던 것이 얼마나 행복했던지 지금도 그 이유를 잘 모르겠다.

나의 모든 것에 대하여 꽤나 속속들이 잘 알고 있을 것 같아 보이는 문단의 한 선배가 어느날 자네 나이가 정확히 몇 살이냐고 묻길래 지금까지 나이를 따져보며 살아오지 않아 잘 모르겠다며 한참 만에 육십이 좀 넘었을 거라고 얼버무리며 정확한 숫자를 대지 못했다가 여러 사람 앞에서 웃음거리가 되었던 적이 있다. 제 나이도 모르며 사는 멍청한 사람이라고. 하긴, 언젠가는 우리 집 전화번호가 도통 생각이 나지 않아서 옆에 있는 친구의 옆구리를 쿡쿡 지르며 도움을 요청하다가 만인의 웃음거리 소재를 제공해 주었던 적도 몇 번은 있으니….

용돈을 쓰듯 많이도 써버렸다. 반은 썼을까 그 이상을 썼을지도 모른다 2012년으로 나는 42년간의 교직생활을 접게 된다. 이십대 초반에 작은 소망을 품고 교단에 첫발을 들여놓은 지가 엊그제 같기만 하다. 문학의 길로 슬쩍 한 발을 걸쳐 놓은 것도 어쩌면 비슷한 시기였을 것 같다. 이십대 초 교직에 들어와서 오늘날까지 직장생활을 함께한 상사, 동료, 후배, 제자들의 이름과 얼굴이 해가 갈수록 희미해지거나 아예 생각나지 않는 사람이 자꾸만 늘어나고 있으니 안타깝다. 42년 동안 교단에서 만났던 수많은 사람들과 헤어져, 낙엽처럼 떨어져 여기저기 굴러다니는 날, 나는 큰소리로 외치리라.

과거는 아름다웠고, 스쳐간 사람들은 하나같이 고마웠다고.

1971년부터 새여울시문학 동인활동을 시작하면서 형제보다도 더 가깝게 지내온 김명수, 안홍렬, 구재기 동인과 친형님같이 생각하며 뜻을 함께해온 윤석산, 나태주, 구재기 선배 시인 등 그리고 이외에도 많은 문인들을 글안과 밖에서도 만날 수 있어서 좋았다. 우리가 살고 있는 대전 충청지역의 대표적인 박용래, 한성기 시인은 물론 문학교과서에서 이름을 들었을 법한 문인들. 오래 전에 고인이 되셨지만 젊은 문학도의 골상을 서슴없이 보아주시던 조연현 박사, 나태주 형 결혼식에 나는 사회 보고 스포츠 머리, 박목월 시인은 주례를 해주셨고, 최원규 교수님 혼사집에서 무명의 젊은 문학도의 시 한 구절을 줄줄 외우시며 사이다 잔을 권하시던 정한모 장관, 조병화, 박재삼 시인은 물론이고 김윤성, 문덕수, 고 은 원로 시인까지. 내가 문학의 길을 걸어오는 과정에 지표가 되고 힘이 되어 주셨던 분들이다.

　시문학을 통해 등단이라는 절차를 다른 문인들에 비해 다소 늦게 1985년 마치게 되면서 지역문단에서 해야 할 일도, 필요로 하는 곳도 자꾸 늘어나 힘들기는 했지만 지금 생각해보면 보람은 있었다. 이 지역에서 나에게 가장 영향을 준 선배 문인은 미등단의 꽁지를 짤라주신 최원규 시인, 대전문협회장으로 모셨던 최송석, 김용재 시인 등과 괜찮은 사람들 축에도 끼어 살아보라고 시문화상 등 수상의 길로 내몰으신 故 박명용 교수, 송백

헌 평론가 등을 들을 수 있다. 나는 현직 교사로서 틈틈이 대전 문협 실무를 맡아서 일해야 했고 1993년 더전엑스포 문학행사를 성공리에 치러야 하는 바쁜 일정을 보냈지만 많은 것을 배웠고 자신감도 생겼다. 한편 교육계에서 승진도 하지 못하고 백의종군 하다 전투를 마치게 되는 까닭도 이러한 이유에서라는 것을 결코 부인하진 못한다.

소박한 마음으로 매일같이 새 아침을 맞이해 하루해를 아쉽게 보내면서 감사하는 마음으로, 오늘까지 흩어짐 없이, 꼿꼿하게 소나무처럼 살아왔다고 말하고 싶다. 남들보다 한 발 앞서 가려, 한 점 더 챙겨, 뱃살 돋구려 마음먹으며 살지 않았고 아부와 질시, 교만, 비굴한 마음으로 앞서가는 사람 뒤꽁무니 잡고 발 걸지 않았다. 만나는 사람들의 걸음은 나보다 훨씬 빨랐다. 남자도 여자도 노인도 젊은이도 내가 걷고 있는 앞으로 KTX처럼 바람만 휙휙 내면서 스쳐 지나가버리고 있었다. 살아가면서 쓰려던 남은 체력 다 소진하여 피붙이들과도 인연을 처음으로 돌려놓아야 하는 최후의 날, 인생은 참 아름답고 행복했었다고 미소 지은 채 흙으로 조용히 돌아가리라. 지상 위에서의 화려한 불꽃놀이는 부질없는 욕망이었지만 새소리, 바람소리, 별과 달빛도 닿지 않는 땅속 깊이, 어두운 곳에서 혼불 줄기 따라 땅 위로 올라 푸른 하늘 좀 실컷 바라보고 싶었다.

시는 나의 영원한 고향이자 순수한 사랑

    시는 내가 걸어온 인생길의 발자취이고 나의 삶 그 자체다 시를 쓰며 살고 있는 것이 나의 삶이기에 인생은 즐겁다. 시작 활동을 통하여 바른 시대를 꿈꾸며 나 자신을 성찰하고 건강한 이상향을 그려내 좋은 시로 옮겨보려 노력하고 있다. 시는 나에게 있어서 생명이자 사랑과 같다. 생명이라는 말은 막중한 의무를 가진 말이며 경건한 사명을 짊어진 도의적인 말이다. 또한 인생과 일상의 모든 사물을 사랑으로 바라보지 않는다면 시는 처음부터 쓸 수가 없다. 시는 나에 있어서 고통이자 고독과 같다. 시는 의무도 사명도 아니고 내가 평생 지고 가야 할 무거운 짐도 아니다 사랑은 시의 단서이다. 감격적인 것과 조그마한 흥에도 사랑 아닌 것은 없다. 시는 사랑과 대등하다. 시는 사랑과 동일한 근원과 성격을 가지고 발생한다. 사람에 대한 나의 사랑, 주위의 모든 사물에 대한 사랑, 일상적으로 일어나는 많은 일들에 대한 나의 사랑은 내 시의 모티브가 되고 있다.

속뼈 시린 겨울나무 알가지

눈 고픔에 지친 그믐달

숲 속에서 내려온 청노루

바람 타는 그리움
목마른 해질녘

아픈 살갗 도려
새살 빚는
하얀 바다
봄의 눈

이슬 받은 잿더미
헤집고
푸르륵 날아간
불새.

전 민 시 -「사랑의 言語」4

고통의 감각이 서서히 전달되어 오면서 시에 대한 알 수 없는 그리움이 서서히 서서히 가슴은 뛰어오르게 한다. 또한 한없이 청징한 고독의 근원 같은 것을 어렴풋이 느끼면서 '시는 나에게 있어서 고독'이라는 말을 다시 음미하게 된다. 고통은 정서의 불균형에서 오는 불안감과 초조감 같은 느낌도 아니고, 육체적 감각으로 헤아릴 수 있는 통증이나 불쾌감도 아니다. 끝없는 상승과 추구의 자세, 구도자의 고통, 차라리 화려한 희열을 내부로 은폐하고 있는 상처와 같다. 고독은 갈증을 해결하려고 마시는 커피와 같은 것은 아니다. 갈증을 해결하는 데에 그것은 불완전하다. 육체의 목마름이 아니라 정신의 갈증 때문에 나는 독을 마시는 심정으로 커피를 마시곤 한다. 독배를 들었을 때의 그 사람의 고독, 고독은 위로 받는 것이 아니라, 자꾸 더 빛나는 광채를 회복하게 한다. 그것은 덜어내어도 덜어내어도 그만한 눈금으로 다시 차오른다. 얼마나 다행스러운 일인가. 우리가 각각 제 크기에 비례하는 마음의 여백, 조금씩 다른 크기의 고독의 그릇을 가지고 있다는 것은 시에 있어서 얼마나 큰 축복인가?

삶의 무게에 짓눌려
가슴이 답답하여 올 때

야위여 가는 오늘의 그믐달을

어제의 보름달로 잘못 바라보다가
고향 냄새가 못내 그리워 올 때엔
태초의 태양과 시원한 바람을 잉태한
영혼의 태반, 어머니, 저 바다로 가자

바다 해海자에는 어미 모母자가
바닷속에는 자비의 손결이 있다
일렁이는 파도를 첫아이처럼
돌보는 바다에는 어머니가 있다
어머니의 다소곳 여민 가슴속에는
높은 하늘과 깊은 바다가 있다
天地가 하나로 만나는 수평선 위에는
사랑과 은혜가 점선으로 그어져 있다.

― 「바다」 전문

　바다는 시심의 안식처이다. 삶의 무게를 의식할 때, 그래서 가슴이 답답할 때, 또는 현실을 보는 착각의 눈을 의식할 때, 바다로 간다. 바다에는 고향 냄새가 있고 시원한 바람이 있고 원시성의 순수가 있다. 바다는 곧 영혼의 태반이며 어머니인 것이다. 시인은 마침내 바다海 속에 어머니母가 있음을 설파한다. 어머니는 곧 일렁이는 파도를 첫아이처럼 돌보는 자비의 손결로 상징

된다. 이제는 어머니의 가슴속에 하늘과 바다가 들어와 있게 된다. 어머니의 가슴속에 들어온 그 하늘과 바다는 사랑과 은혜로 점철된다. 끝없는 연모의 세계이지만 그러나 시인은 그 세계를 현실로 맞이하고 있다.

   나의 시는 서정성의 근원적 힘을 바탕으로 하고 있지만 사물을 보는 상상력과 자신에 대한 통찰력이 상승 기류를 타고 있다. 인간은 누구에게나 회향回鄕 의식이 있고 이상향을 그리는 마음이 있다. 그것은 주로 유년의 삶과 관계가 깊다. 시의 내용에는 그리움으로 가득하고 돌아간 땅에서의 삶에 대한 소망과 꿈으로 나타난다. 시 자체가 나 자신의 알몸으로 시인의 꿈과 그리움을 말해 주고 있다. 또 한편 나의 시는 나 자신의 일을 직접 다루기보다는 타인의 일이나 사회적인 일을 다루면서 그 사이에 자신의 정서를 끼워 넣는 식으로 전개하기 때문에 시인과 시가 참 많이 닮았다는 생각을 하게 된다. 나의 시는 서정적인 면이 강하다고 본다. 시의 서정성은 운율 의식과 결합하면서 힘을 발휘한다. 시가 어려워서 좋을 것은 없다. 시가 어렵다는 것은 시속에 심오한 사상이 깊숙이 들어 있거나 표현 방법이 고단수의 은유로 되어 있거나 독자와 소통이 잘 이루어지지 않는 것이리라. 시는 한마디로 독자들이 이해하기가 쉬우며 진실, 소박해야된다고 생각한다. 어떻게 보면 너무 단조로워 보이기도 하다. 설익은 기교를 과대 포장하여 돋보이게 한다든지, 장황하게 너스레로 호들갑을 떨지않는다. 그렇지만 읽는 사람들에게는 가슴을 적셔오는 잔잔한 감동을 주고 싶다. 프랑스 뷔퐁(Georges Louis Leclerc, Comte de Buffon 1707-1788)은 '글은 곧 그 사람'이라고 말했다.

인생론人生論

용돈을 쓰듯
많이도 써버렸다

반은 썼을까
그 이상을 썼을지도

남은 생애生涯
존졸이 써봐야 할 턴데
누가 보태 줄 것도 아니고
누가 잘못 썼다고
나무랄 것도 아니고

인생은 용돈
　　　　　　　　　　 - 6호선, 마포구청
풀과별 엮음 지하철 시집 『희망의 레시피』, 《문학발전》에서 사람의 삶의 시간도 누군가에게 받은 용돈 같은 것이라는 게 참으로 가슴에 와 닿는다. 몇 푼 안되는 돈은 호주머니 속에서 금방 바닥이 난다. 사람이 사는 세상의 인생도 그와 같은 것일 것이다. 용돈은 누군가에게 받아야 하는 것이지만, 내 마음의 부富를 가꾸고 키우는 것은 내 노력의 땀방울이 아닌가. 인생론이란 사람마다 각자 다른 지표가 있을 터이다. 시인은 그 인생론의 지표가 용돈가 같다고 하였다. 반쯤 써버렸을 것 같은 인생이란 용돈, 잘 못 썼어도, 잘 썼어도, 그 용돈이란 인생이 줄거나 늘어나지 않을 것이다. 시간이라는 게 그렇다. 아무리 긴 시간도 방탕하게 살다보면 지나간 줄 모르는 것이고, 뜻 있고 알차게 써도 모자라는 게 시간이다. 아쉬움이야 물속이나 물 밖이나 다 마찬가지 일 것이다. 그래도 뜻있고 아름답고 진실하게 땀 흘려 사는 그런 삶에서 우리들 삶에 주어진 시간이란 용돈은 천금일 수도 있고, 아무 짝에도 쓸모없는 쓰레기에 불과한 것이 있을 것이다. 뜻 있고 아름다운 삶을 향해 노력하는 사람만큼 보람된 인생의 용돈을 쓰고 가는 사람은 없을 것이란 화답을 보는 것 같다.

우리는 살아가면서 인간과 인간, 인간과 자연, 그리고 우리가 머물고 있는 사회와의 밀접한 관계 속에서 끊임없이 소통하며 살고 있다. 하지만 사람에 따라 그 소통의 범위와 정도는 다 다르다고 본다. 일반의 평범한 사람, 심오한 철학자나 종교인이 똑같을 수는 없을 것이다. 시인 자신이 추구하는 시정신이나 표현

법, 시인관으로 한 편의 시를 창작한다는 것은 자신은 물론, 그 시를 읽는 독자들에게 아름다운 꿈을 제공해 줄 것이다.

눈을 통해 가슴을 울리는 사랑의 영롱한 빛, 인간과 자연에 대한 무한한 애정과 그리움으로 빚어 놓은 시, 푸른 하늘 위로 흘러가는 뭉게구름을 바라보다가 누구인가의 마음결이 속절없이 그리웠던 유년의 추억은 참 아름답다. 모든 것이 다 내 차지고, 세상은 볼수록 아름답기만 하고, 모든 것이 내가 생각한 대로 이루어질 것 같고, 본 대로 느낀 대로 시가 되어 가슴을 따스하게 더웁혀 줄 것만 같았던 어제까지의 파란 하늘을 영원히 마음 밭에 깊이 묻어두어도 좋은 황금 시절을 비록 잡지는 못했다 해도 몸과 마음이 이렇게 건강하여 시를 읽고, 쓰면서 하루하루를 즐거운 마음으로 살아갈 수 있다는 것에 대한 행복, 자신의 삶에 대한 존재 확인이 얼마나 보람 있고 아름다운 인생의 표본이 아니겠는가?

6월의 산하에는 멧돼지와 산양, 고라니 가족들과 기러기떼만 날고
산 능선 따라 동의나물. 산딸기와 평야의 초지엔 크고 작은 야생초
돼지풀, 개망초, 양지꽃. 원추리, 양지 언덕엔 할미꽃, 노랑 제비꽃
계곡습지에는 무당개구리 알알이, 산 복판엔 싱싱한 습지 식물들과
땅과 물 사이에 작은 생명체들이 6월의 사연을 담아 꽃으로 피어난.
갈까마귀 몇 마리만 자유롭게 날고, 연어는 남북을 지나 태평양으로

음지가 된 민통선 이남에 핀 양지꽃, 꼬리조팝나무. 벚꽃, 복사나무 늪지, 건습초원, 관목습지, 산림습지, 유월의 총탄에 유린당한 국부엔 자궁을 지켜온 토종 생명체는 숨고 외도로 유입된 외국산 동·식물들이 외아들 바친 할머니, 새신랑 보낸 새 새댁 가슴밭을 글로벌화해 가고.
― 전 민 「6월의 산하에는 ― 비무장(DMZ)지대」

   전쟁이 지나간 자리에 인간이 아닌 모든 평화와 안존이 가장 인간적이어야 할 조화로운 모습을 보이고 있다. 평화란 천국이 아니요, 인간이 아닌 원시의 모습도 아니다. 오직 가장 원시적인 삶과 삶끼리 가장 근원적인 조화를 이루는 가운데에 존재한다. 비무장(DMZ)지대인 〈6월의 산하에는〉 '멧돼지와 산양, 고라니 가족들과 기러기 떼', 그리고 '동의나물, 산딸기와 돼지풀, 개망초, 양지꽃, 원추리, 할미꽃, 노랑 제비꽃', '계곡 습지에는 무당개구리 알알이, 산 복판엔 싱싱한 습지 식물들과 땅과 물 사이에 작은 생명체들이' 각자의 삶을 누리며 조화를 이루고 있는 삶의 터전이 되어 있다. 그러나 또 다른 전쟁의 자리가 되어 그곳에서는 '유월의 총탄에 유린당한 국부엔 자궁을 지켜온 토종 생명체는 숨고 외도로 유입된 외국산 동·식물들이 외아들 바친 할머니, 새신랑 보낸 새 새댁 가슴밭을 글로벌화 해 가고' 있다.

캄캄한 밤보다는

대낮이 더 무서워요.

맹수보다는

인간이 더 무서워요.

자연 파괴범이 들어왔어요

못된 인간들이 몰려와

하늘이 내려다보고

가족이 지켜보는 앞에서

어린 풀꽃의 목과

나뭇가지를 비틀어 꺾으며

나의 온몸을 더듬고 있어요

치마폭을 헤집고 있어요.

- 전민 시 「바람이 떨어뜨린 쪽지」 1

    현대 문명으로 얼룩진 인간의 붉은 정액이 녹색 대지의 온몸 구석구석을 꿈틀거리며 헤집고 오는 세월마저 나의 목을 바짝바짝 조르고 있어요. 살려주셔요. 자연이 인간에 보내는 이 쪽지를 보시는 대로. 어서 빨리요 하느님.

- 전민 시 「바람이 떨어뜨린 쪽지」 2 후반부

자연이 인간에게 보내는 편지를 시인이 먼저 보고 있다. 편지 용이 곧, 못된 인간을 고발하는 것이다. 인간은 남성으로 자연은 여성으로 나타나 있으며, 인간은 맹수보다 더 무섭고 벌건 대낮에 목 꺾기, 비틀기, 강간 행위를 일삼는다. 인간의 붉은 정액은 현대문명의 산물이다. 역시 자연 파괴범이며 살상범에 속한다. 결국은 하느님에 호소하며 절대의 힘을 요구한다. 하느님이 인간의 마음속에 있다는 것을 전하는 아무런 메시지도 없지만, 우리는 그 메시지를 읽고 있어야 할 것이다.

한 세상
욕심 채워 살면
못할 일 뭔가

모래 섞인 물에
눈부신 빛 막아 줄
벽 하나 있으면 되지

짧은 생애
광내며 살려면
못 살 거 뭐 있나

곧은 줄기
있어서 흐뭇한 친구
꿈의 향기 찾아주면 고만이지

> 젊은 문지기가
> 아무도 모르게
> 공주님의 머리에
> 꽂아준 선물
> 난초꽃
>
> — 전 민 시 「난(蘭)」

　시인은 한 걸음 더 나아가 인생의 참모습과 우정의 진실을 찾았다. 누구나 욕심으로 가득 차 가진 만큼보다 더 크게 가지려는 욕망을 버리지 못하는데 모래 섞인 맑은 물에 햇빛 가리개 하나 있으면 되고 곧게 뻗은 줄기 내밀어 진실하게 손잡아줄 친구만 있으면 된다는 일갈은 경쟁의 삶에서 어떻게 살아야 사람답게 살 수 있는지를 말한다. 삶에 있어 친구만큼 귀한 존재가 있을까. 아무것도 주지 않지만 떠올리기만 하여도 흐뭇한 친구, 그런 친구가 없는 삶은 아무런 가치가 없을 것이다. 친구는 자기를 비춰보는 거울이기 때문이다. 만약 자신을 비춰볼 수 없다면 과거를 잊는 것과 미래를 넘겨다볼 희망이 없는 것과 마찬가지다. 시인은 말한다. 꿈의 향기를 현실에서 얻으려면 진실한 친구를 가지라고 그러면 인생길의 동반자인 공주를 만나 비교하지 못할 행복을 가진다고. 난초 한 포기를 큰 폭으로 그려 누구나 공감하는 아름다움으로 화폭을 채웠다. 무욕과 관조의 폭을 확장해가고 싶다. 그러나 문명에 오염된 현대의 길을 가면서 헤쳐야 할 가시 숲을 외면할 수는 없다. 폭력, 부패, 기아, 전쟁, 분단, 환경문제, 그리고 악습의 사회문제 등 시인의 시적 에스프리는 변용의 터널을 거치고 있는지도 모른다. 그러나 향토적 순수성이나 건강한 인간성을 심어내는 온후한 힘은 시를 읽는 맛을 더해준다 많은 시편들이 비극의 땅에 세우는 희망의 기둥 같아서 시 읽는 마음이 미더울 것이다. 아름다움이며, 희망이며, 일할 수 있는 여유이며 자유로움이다. 촌락의 이야기이며 향수처럼 아름다운 고향의 옛 풍경에서 옛정이 서린 그리움의 정착지이며 성숙한 감각의 고향이다. 어떤 승지도 승경도 아니다. 그럼에도 불구하고 아름다운 풍경을 이루고 움직이는 풍경화로 채색되고 있는 것은 굳센 인물들의 삶의 모습이 활력 있게 펼쳐지고 있기 때문이다. 앞으로는 현실 문제를 더 많이 포용하고 문명 추구의 과정에서 일어나는 상실 기능의 인간성 문제, 환경문제 등 현대적 맥락의 주제들을 밀착해서 다루고 싶다. 후반부 인생을 사는 시인의 한 사람으로. 자신의 인생을 들여다보며 지나온 날들을 회상하며 오늘의 인생을 자투리로 인식하지만 그 자투리 인생을 함부로 대하지 않고 귀하게 소중하게 대하면서 잘 써먹겠다고 다짐도 해본다. 남들이 비워두고 떠난 그 땅에 농작물을 심어 가꾸는 농부의 심정 같이 나의 시를 '여백의 미학'이라고 이름 붙여 부르면 어떠할까?

재미 있고, 깊이도 있는 글

　재미도 있고, 깊이도 있는 글을 쓸 수만 있다면 모든 작가는 뭐가 문제가 되겠는가?
　과연 그러한 글을 쓰는 문인이 이 세상에 얼마나 되겠는가? 필자 역시 영원한 소망이자 과제를 안고서 글을 쓰고 있을 뿐이다. 하지만 대부분의 문인들은 재미도 있고, 깊이도 있는 글을 쓰기 위한 소망을 가지고 꾸준히 노력을 하고 있는 것은 사실이다. 1990년 한국문학시대가 창간되어 30년이 넘는 문단의 위대한 역사를 기록하고 있다. 현시점에서 과거를 한 번 돌아보고 앞으로의 비젼과 이러한 발전 과제를 심도 있게 생각해보며 실천하려 노력하는계기를 마련하여 머리를 맞대보는 것도 매우 의미 있는 일일 것 같다.

　이 시대에 문학적인 글은 각종 SNS에 눌리어 상대적으로 선호도가 떨어지고 있으며 재미있는 글도 찾기 쉽지 않다. 시는 소설이나 수필 등에 비하여 흥미도가 더 떨어진다. 개성이라도 있으면 재미가 조금은 있을 텐데, 많은 시가 개성도 없다. 서양의 미학에서는 미적 범주(aesthetic categories)를 크게 순정미, 우아미, 숭고미, 비장미, 골계미, 추醜의 여섯 가지로 나누고 있지만 한국문학은 골계미의 전통이 강하다고 볼 수 있다. 독자가 느끼고 싶은 시의 재미는 '흥미'가 아니라 고상함 또는 기품氣品에 가깝지 않을까 생각한다. 시를 읽을 때 흥미를 불러일으키는 요소로 공감이나 감동이 있을 수 있다. 또한 참신함이나 발랄함을 들 수도 있다. 시인의 상상력이 재미를 주기도 하고 '깨달음', '놀람', 등이 뜻밖의 재미를 주는 경우도 있다.

　시 창작에 개인적 문제에만 머문다면 시는 한없이 왜소해질 것이다. 실제로 우리 시는 지금 한없이 왜소해지고 있다. 이런 시들이 몸을 던져 시를 쓰는 것과는 거리가 있을 것은 말할 것도 없다. 치열함도 있을 수 없다. 시가 지나친 독자에의 영합이 더 문제다. 시가 경박해지는 것도 시를 너무 안이하게 쓰는 것도 따지고 보면 이와 무관하지 않을 것이다. 시도 독자에게 주는 메시지인 만큼 독자를 의식하지 않을 수는 없다. 사실 독자가 없는 시처럼 비참한 창작물이 또 어디 있겠는가. 하지만 의식한다는 것과 영합은 전혀 다르다. 의식한다는 것은 독자에게 마음을 열어놓고 있다는 뉘앙스를 주는 반면 영합은 독자가 좋아하는 말만 골라서 전시한다는 뜻이 강하다. 헌데 이 독자에의 영합이 상업주의와 상생해서 악성 코로나19 바이러스처럼 문단 전체에 번지고 있는 것이 우리 시의 잘못된 현실이다. 이 대열에 가장 앞장서고 있는 것이 이른바 7,80년대의 사회시 계열의 시들, 아니면 적어도 생각이 같았던 시들이라는 사실이다. 시를 언어 탐구나 그 비슷한 것으로 인식한 시들이 이 점 오히려 초연한데 반하여 말이다. 시의 사회성 영합이었다는 혐의를 짙게 하는 시 자체에 독자에 대한 영합 내지 세속주의적 요소가 있지는 않은가의 여부는 한 번 짚고 넘어갈 대목이다.

우리가 쓰는 시는 경제적 배고픔에 하등의 현실적 도움을 주지는 못하지만 육체를 움직여야 할 음식이 필요하듯이 정신적 욕구도 채워야 하겠다는 자의식에 눈뜬 이들은 시인이 펼쳐 놓은 자리에 살며시 와서 앉는다. 시인은 이들의 배고픔에 기여해야 함과 동시에 평등한 식욕이란 육체와 정신에서 적어도 반반씩 요구되어야 할 그 원리에도 봉사해야 한다. 시인은 사상가나 실천가는 아니다 위대한 것보다 절실한 것을 더 원하며 시범자에 앞서 공감자이려 한다. 시인의 영역은 영혼의 무한정한 인간성의 평화녹지 그것이다. 시인이 원하는 진정한 언어는 정직하고 투명한 언어, 정신적 고통을 함께 느끼는 아픔의 언어, 상처에 약을 주는 치유의 언어, 누구에게도 남이 아니라 친구일 수 있다는 우정과 신뢰의 언어, 한 번뿐인 사랑에 도취하게 만들 사랑과 은총의 언어이다. 깊이가 있는 이성적인 시는 감동을 주는데 소홀할 수가 있고, 감동을 주는 감성적인 시는 깊이에 소홀하기가 쉽다. 이성과 감성은 인간이 지닌 본성이니 시를 읽으면서 이 두가지를 채워준다면 더없이 좋은 작품이라고 할 수 있을 것이다.

　세상이 점점 인터넷화하여 속도전으로 빠져들고 있다. 이 시대 문학 작품들은 이 시점에서 우리의 문학도 제 본분을 잃고 거품을 만들어 오지 않았나 하는 반성을 할 시기에 이른 것이다. 지금 출판계에 횡행하는 베스트셀러 작가 만들기가 우선 그 주범이라 지적하고 싶다. 작가가 진정한 인간의 진실에 대한 고뇌와 갈등을 다룬, 그런 어려운 산고의 과정을 통해 탄생된 작품들은 대부분 초판도 다 소화되지 못하고 사장되어 버리는 것이 우리문학의 현실이다. 그에 반해 채 소화되지도 않은 외국 이론을 흉내 낸 국적 불명의 작품이나 적당히 시류에 편승한 작품 또는 말초신경을 자극하는 저질작품이나 어설픈 통속물들이 출판사와 언론 그리고 평론가의 조작으로 잘 팔리는 작품으로 자리매김 되고 좋은 작품으로 추켜 세워져 왔음을 누구라도 주지하고 있는 사실이다. 그래서 도대체 이게 문학작품인가 하는 그 기본마저도 의심되는 작품들이 베스트 목록을 차지해 오기도 했다.

그런 작품들은 어느 정도 시간이 흐르면 독자들이 머릿속에서 흔적도 없이 사라져 버리는 소비물이 될 것으로 본다.

　작가는 치열한 작가정신에 의하여 글을 쓰고, 평론가는 그런 작가의 작품을 옳게 평해주고, 독자는 그들을 믿고 출판사가 양심껏 제작 발간한 양서를 읽어 정신을 풍요롭게 해야 한다. 이것이 이 시대에 절실히 요구되는 우리의 출판과 독서의 자세이다. 시는 낭만주의자의 머리 위에 떠있는 보름달이고 무지개다. 억지로 만드는 데서 벗어나 좀 더 자연스러워지면서, 잃어버린 절규성을 회복하고, 왜소해짐으로써 놓친 큰 울림을 되찾는다는 일은 새로운 시대에 들어선 우리 시가 한 번 시도해 볼 일이다.

　지금부터라도 한국문학이 건전성을 회복하고 점점 정이 삭막해 가고 있는 우리 사회에 오로지 풍요로운 정신적 텃밭을 가꾸어나가는 책무를 다해야 한다고 본다.

현대 서사시의 영역 찾기

───

　한국 고대 서사시는 우리 겨레나 나라의 운명을 책임지는 영웅적인 존재를 주인공으로 한 건국, 전쟁, 혁명 등과 같은 역사적이고 문화적인 대사건을 이야기로 엮은 시였다. 국가와 민족의 태동과 흘러온 면면한 이야기, 환희와 오욕으로 불붙은 역사의 현장, 여기에는 민족의 당당한 투쟁이 살아남아 있고, 민족의 웅지를 드높일 영웅들의 이야기가 문자로 나타나기 이전부터 구전 되어 왔으며 중요한 역사적, 문화적 사료가 신화와 민담, 그리고 고전서사시로 전통을 이어 기록 되어 왔다.

　한국 고전 서사시와 현대 서사시의 관계는 민족적 문화적 전통 차원에서 보다는 서사시 장르의 존재적 가치의 차원에서 중요한 의미를 지닌다. 일반적 의미의 서사시로서의 개념을 갖는 이러한 고전 서사시의 존재는 이와 같은 양식의 문학 장르가 한국 문학의 전통 속에서 수용가치가 있음을 증명해주고 있다. 전통적인 개념을 수용하면서 현대적 차원에서 문학적 서사시 또는 예술서사시의 입장에서 보면 서사시의 소재와 주제 또한 더 다양해지고 있다.

현대 서사시는 영웅서사시 보다는 민중서사시 이어야 할 것 같고 그 내용은 역사의 현실적 문제와 연관된 이야기가 주가 되어야 한다. 분단시대 서사시는 바로 이러한 투쟁과 인물의 재현을 통해 역사를 통찰하고 그를 통해 분단과 독재라는 현재의 문제를 극복하려 한다고 볼 수 있다. 소재 대상은 어느 시대도 상관이 없고 주제 역시 그 시대의 여러 각도에서 보고 민족의 철학 사상과 민족과 국가, 사회, 인간의 삶과 신앙을 다루며 서사 문학적인 숭고한 정신을 기리며 그 얼을 받들어 나가는데 있다.

서사 시인들은 서사시를 이야기를 가진 시라는 단순개념에서만 접근하려 하지말고 삶의 현장성이 총체적으로 담긴 세계를 표현하여야 한다. 이런 현상은 문학이 시대적 현실에서 동기화된 이야기적 문제를 표출한다는 점에서 볼 때 이해하면 된다. 세상을 좀 더 깊고 넓게 관조해야 한다. 그래야 복잡하고 변화가 심한 인간 세상에서 맥락을 잡을 수 있고 동시에 심후한 감정과 장기간 견지한 노력이 필요하다고 본다. 그래야만 감정과 환경의 장애를 극복할 수 있고, 독자층이 선호하는 위대한 서사시를 창작할 수 있을 것이다.

문학운동지《서사시문예》(발행처: 한그루출판사)가 2014년 창간호를 발간하였고 온갖 어려운 여건에서도 계속 이어지고 있음은 서사시가 크게 자리 잡지 못하고 있는 오늘날의 문단 풍토에 큰 기폭제가 될 것이라고 믿으며《서사시문예》를 통해 자신의 영역을 조금씩 잃어 가고 있는 현대 서사시에 제 자리를 찾아주어 서정시와 대등한 역할을 담당하게 하였으면 하는 바람에서다.

영원한 우정을 다질 수 있는 계기
- 베트남 전국시 축제 및 세미나 축사

존경하는 베트남작가협회 휴 틴(Huu Thinh)주석님
부산 문학 교류 행사 베트남작가협회 방믄 대표단의 응웬 빙 프엉 단장님
양 협회 친교의 다리를 놓아주신 레땅환(Le Dang Hoan) 박사님
베트남의 문인 여러분들 반갑습니다.
베트남 전국 시 축제 및 세미나 행사에 초청해주셔서 감사합니다.
한국현대시인협회 김용재 이사장님과 함께한 현대시인협회 회원들은 하노이에 작년 3월에 이어 2번째 찾아 왔습니다. 첫 번째 방문 때는 양국 협회가 상호 협력하여 문학교류 MOU를 체결

하였고 시낭송과 문학세미나를 실시하였었지요.

2번 째 문학교류는 2019년 10월 14일부터 16일까지 부산에서 베트남 시인 13명과 한국시인들이 한국·베트남 문학 비교 심포지엄을 하며 우의를 더욱 다지는 계기가 되었습니다.

이 번 방문이 한국과 베트남 간의 문학교류 3번째가 되겠습니다.

한국과 베트남의 우호 협력 관계가 오늘날 각 방면에서 최고조로 이루어지고 있는 즈음에 우리 문학인들의 교류는 어느 때보다 중요한 의미를 갖는다고 봅니다. 양국 간의 역사적 상호 동질성을 이해하고 문학 교류를 통한 정서의 이해와 작품 속에 나타난 문학 정신은 양국 간의 한 단계 높은 우호 증진의 기회는 물론이고 비교 문학 심포지엄을 통해 상호 관계의 성찰과 지향을 모색하는 좋은 시점이라고 봅니다.

한국과 베트남 간의 교류과정은 1990년대 초 수교되기 전에도 조선시대에는 중국을 통해 시문을 통해 교류했다고 합니다. 한국과 베트남문화는 유사한 점도 많지요. 전 근대 시기에 두 나라는 한자를 공식문자로 사용했고, 학자들은 유학을 공부했으며 또한 과거시험을 통해 관리를 선발했고요. 두 나라가 모두 중국의 동쪽과 남쪽에서 국경을 접하고 그 문화를 받아들인 때문이었습니다. 베트남은 중국과만 교류하면서 그 문화를 받아들였다기보다는 남으로 캄보디아는 물론 동남아시아 국가들과 빈

번히 교류했기 때문에, 이들 지역과 문화를 공유했다는 점에서 한국문화와의 차이점도 있다고 봅니다.

한 민족혼은 그 민족의 전통 시가에 가장 분명하게 반영되어 있고 시는 주변 세계에 대한 인간의 가장 고귀하고 정확한 언어이기 때문에 시가 인간정신의 집결지임을 고려한다면 우리의 문학교류사업은 인류문학발전에 크게 기여할 수있다는 자부심으로 다가서기도 합니다.

한국과 베트남은 성장한 여건이 비슷해서 관계가 좋고 교역을 양국이 다 희망하고 있어 관계가 더욱 돈독해지고 있으며 체제가 다름에도 베트남 전반에 걸친 경제, 스포츠에서 한류 바람을 일으키고 있는 상황에서 문학예술의 정신적 유대를 돈독히 하는 것은 두 나라 간의 미래까지 영원한 우정을 다질 수 있는 계기가 될 것입니다.

한국현대시인협회와 베트남작가협회는 적절한 시기에 회원들 간의 상호 방문을 통한 문학 교류를 확대하고, 시문학의 교류를 통해 양국의 우의를 다져 나가며 인류평화를 실천하고 돈독한 관계를 유지하여 회원의 문학 작품이 양국의 위상을 높이는 계기가 되기를 기대 합니다.

베트남작가협회 휴 틴(Huu Thinh) 주석님과 베트남 시인 여러분의 초청과 분에 넘치는 환대에 한국현대시인협회 모든 회원과 함께 감사드립니다.

Greetings from Vietnam's National Poetry Festival and Seminar

An opportunity for cementing eternal friendship

Jeon Min (vice president of the Korea Modern Poets Association)

Honorable Vietnamese Writers Association President Hugh Tin

Nguyen Bing Pong, head of the visiting delegation of the Vietnam Writers' Association, a Busan literary exchange event.

Dr. Le Dang Hoan, who laid the close bridge between the two associations.

Nice to meet all Vietnamese writers.

Thank you for inviting me to the Vietnam National Poetry Festival and Seminar.

Kim Yong-jae, president of the Korea Modern Poets Association, and members of the Modern Poets Association have visited Hanoi for the second time since last March.

On the first visit, the bilateral association signed an MOU on literary exchanges with mutual cooperation and held poetry readings and seminars.

The second literary exchanges was held on October 14-16 2019 in Busan, where 13 Vietnamese poets and Korean poets had an opportunity to strengthen friendship by holding a symposium on comparison of Korean and Vietnamese literature.

This visit will be the third time of literary exchanges between Korea and Vietnam.

As the friendly and cooperative relations between Korea and Vietnam are at their highest levels from all quarters today, I believe that the exchanges of our writers are more important than ever. As we can understand the historical homogeneity between the two countries, the sentiments through literary exchanges, and the spirit of literature in one's work, I think it is a good time to seek the reflection and direction of mutual relations through a comparative literature symposium as well as opportunities for the promotion of friendship between the two countries.

Even before the establishment of diplomatic ties in the early 1990s, the process of exchange between Korea and Vietnam was said to have been through Chinese poetry during the Joseon Dynasty. There are many similarities between Korean and Vietnamese cultures. During the former modern era, the two countries used Chinese characters as official letters. Scholars studied Confucianism and selected officials through state examination. It was because both countries shared the border from the east and the south of China and accepted its culture. I think there is a difference between Korean culture and Vietnamese culture in that Vietnam has shared these regions and cultures because it has frequently interacted with Southeast Asian countries as well as Cambodia to the south, rather than just China.

Because national spirit is most clearly reflected in the traditional poetry of a nation, and poetry is the noblest and most accurate language of human beings to the world around it, considering that poetry is an assembly area of the human spirit, our literary exchanges business comes to us with a sense of pride that it can contribute greatly to the literary development of human.

With Korea and Vietnam having similar growth conditions and both countries hoping for trade, the relationship is becoming stronger and it is creating a Korean wave in the overall economy and sports of Vietnam despite the different system. In this situation, strengthening the spiritual bond of literary art will serve as an opportunity for the two countries to strengthen their lasting friendship from the present to the future.

The Korean Modern Poets Association and the Vietnamese Writers' Association hope that the literary work of the members will enhance the status of the two countries by expanding literary exchanges through mutual visits at the proper time, strengthening the friendship between the two countries through the exchange of poetic literature, practicing human peace, and maintaining a strong relationship.

Hugh Tin, president of the Writers Association of Vietnam, and Vietnamese poets, thank you from the bottom of my heart with our all members for your invitiation and your kind hospitality.

70년 전통《호서문학》의 어제와 오늘 그리고 내일
– 지역문학 선봉의 위치에서 진로 탐색

호서湖西라는 명칭은 일반적으로 충남·북을 지칭하는 말이었고 문자의 뜻을 따라 호수의 서쪽이라고 할 때 그 호수는 충북 제천의 의림지를 일컬어왔다. 그 호서지방의 중심도시 대전에서 호서문학회가 창립을 한 해가 1951년 11월 11일이었고《호서문학》이 창간된 것은 1952년 8월 1일이었다. 〈호서문학회〉는 대전을 기반으로 정 훈, 박용래, 한성기, 권선근 등의 선배 문인으로 조직된 한국 최장수 종합문학지를 가진 문학회다.

나이를 가리키는 말로써 70세를 고희古稀라 한다 두보의 시구 인생칠십고래희人生七十古來稀에서 나왔고 희수稀壽라고도 일컫는다《호서문학》이 처음으로 창간된 해가 1952년 8월, 어느덧

70년이 되었으니 올해가 고희古稀다. 한국문학사에서 가장 연륜이 깊은 종합문학지로 자타가 모두 인정하고 있으며 이는 호서인의 자랑이고 자긍심이다. 더구나 서울도 아닌 지방에서 인적, 재정적인 열악함을 극복하면서 70년을 꿋꿋이 버티어 온 것은 선배 문인들의 헌신적인 공로와 호서회원 모두의 전통 계승 정신이 투철하였음을 인정하지 않을 수가 있다. 《호서문학》이 문학의 각 장르에서 한낱 대전·충청지역에 머물지 않고 수도권은 물론이고 전국적으로 회원들이 분포되 있고 문학 활동 또한 폭넓게 활발히 활동하고 있음은 호서 70년의 역사가 튼튼한 반석 위에서 앞으로 한국문학의 든든한 버팀목으로 다져 가고 있음을 믿음직하게 실감 할 수 있을 것이다.

벌써 10년의 세월이 강물처럼 흘렀다 지난 2012년 내가 호서문학회장직을 맡았을 때 『호서문학 60년사』를 간행하였다. 『호서문학 60년사』는 1952년부터 2012년 까지 호서문학회에서 간행한 책자 『호서문학』, 『호서시선』 등의 사즈 사실 중심으로 송석홍, 최문희, 김용재, 이진우, 전 민이 기술하였고 방대한 양의 표지 사진과 목차 정리는 홍순갑이 맡아서 하였다. 《호서문학》의 역사가 간간히 소사만 단편적으로 기록이 남아 있을 뿐 역사적 자료가 점점 없어져 가거나 원로 선배 회원들이 고인이 되어 역사적 진실이 와전되거나 오도될 염려도 있을 것 같아 하나의 역사적 의미를 남겨 보존하고 호서문학 발전의 디딤돌이 되었으면

하는 마음에서 《호서문학》 60주년 회갑을 기념하고 후배 문인들에게 자긍심을 심어주어 문학 활동에 활력소를 불어 넣어준다는 의미에서 『호서문학 60년사』를 간행 한 바가 있다. 또 하나 의미 있는 일은 그간 애타게 찾아내 보관하려고 노력하던 《호서문학》 창간호를 서울대학교 도서관과 충남대학교에서 찾아내 영인본으로 발간할 수가 있어 천만다행이었다.

〈호서문학회〉가 올해로 70살이 되었다. 70년 전, 6·25 한국전쟁의 참화를 가장 극심하게 입어 말 그대로 먹고사는 것이 가장 시급한 일일 때, 대한민국의 중심 한밭, 대전에 선비의 고장답게 정훈을 중심으로 홍성규, 한성기, 박용래, 권선근 등이 뜻을 같이하는 〈호서문학회〉가 전국에서 대전으로 문인을 포함한 피난민들이 모여들던 1951년 한국전쟁의 틈바구니 속에서 태동의 움직임을 보였다. 정훈과 박용래, 박희선 세 명의 시인은 시지 〈동백〉에 이어 1951년 〈호서문학회〉를 창립하기로 하는 등 대전지역의 문학사를 일구는데 밑거름 역할을 톡톡히 했다. 〈호서문학회〉는 1951년 정훈과 박용래, 한성기, 권선근(소설), 등에 의해 그 구심체가 형성되었고 중앙문단에서 활약하던 강소천 등의 작품이 호서와 합세하는 활기찬 재출발을 하게 되어 닻을 올린 지 반년 남짓 1952년 7월에 임희재와 원영한의 편집으로 창간호가 발행 되었다. 바로 70년 전, 필자의 나이 불과 네 살에 불과한 철부지 유아 이었을 때 일이다.

〈호서문학회〉 초대회장은 정훈, 부회장 대전일보사장 임지호와 중도일보의 송영헌, 총무는 한성기, 정재수, 심재규, 편집은 정해붕, 원영한, 박용래, 박상용, 명예회원에 홍효민, 시에 성기원, 아동문학에 성열균, 소설에 권선근, 평론에 주기형, 고전문학에 지헌영, 외국문학에 곽소진, 시나리오에 명제익, 희곡에 양기철, 그리고 송기홍, 임희재, 임강빈 등이 〈호서문학회〉의 초대 멤버들의 얼굴이다

1954년 정기총회에서 회장 전형·부회장 홍성규·시 한성기·소설 권선근·평론 전형(겸)·희곡 신관우·사무국장 김지향으로 임원진이 개편되었고 「湖西文學」 제2집 발간과 전후하여 대전일보를 통해 익히 알려진 곽학송이 「文藝」지에 추천 완료함으로서 임상순과 권선근·한성기·이종학 등 그들 순수를 기치로 내걸었던 소장파 문인들이 추천을 받으려는 움직임이 활발해졌다. 〈호서문학회〉도 지역문학의 한계에 부딪치기 시작하여 조금씩 흔들리더니 1955년 7월 들어 한국자유문협충남지부를 결성함에 이르러 호서문학 주요 멤버들이 호서문학회를 떠나 이주하고 말았다.

그 후 1956년 한국일보 신춘문예에 정주상이 소년소설 「경재와 하모니카」로 당선되어 기염을 올리고 3·1절 경축 예술제를 열었으며 지상에 「詩 리레이」「隨筆 리레이」가 이어져 다시 동인활동이 상승궤도에 오르게 되었다. 여기에는 6·25로 떨어져 있던 정해붕·송석홍이 다시 돌아와 참가했고 김영덕이 새로이 합세했다.

1956년 6월에 국판 200면의 〈湖西文學〉 제3집이 간행되었다. 이때 총무에는 홍성규·이교탁, 편집에는 원영한·정주상이, 재정적인 면은 주로 전형의 도움이 컸다.

《호서문학》이 1952년 창간호가 발간된 이후 2022년 69호가 나오기까지 그동안 대전·충청지역의 가장 대표적인 지역문학지로서 또한 중앙문학과의 가교적인 역할을 충분히 해왔다고 본다. 연 1회 발행하던 호서문학은 2001년부터 연 2회 발간하고 있다.《호서문학》은 역량 있는 문인들이 집결하여 작품으로 말하는 문학세계를 심도 있게 개척해 왔으며「전통과 신감각의 조화」란 한 이념을 지속적으로 계발해 왔다. 대표적 문인으로는 정훈, 지헌영, 이재복, 김대현, 박희선, 한성기, 박용래, 권선근, 윤모촌, 임헌도, 임희재, 송석홍, 이교탁, 김영배, 민용환, 신정식, 이덕영, 정의홍, 신재후, 김동직, 등 작고 문인을 비롯해서 한국을 대표하는 현역 문인들이 많다.《호서문학》은「작고문인 발굴」,「월북-납북문인연구」,「작가탐구」등의 특집을 통해서 박노갑, 이해문, 윤백남, 김형원, 민태원, 엄흥섭, 염인수, 신동엽, 안회남 등 작가와 작품세계를 심도 있게 재조명했다. 아울러 출향문인 특집을 통해서 하유상, 이병구, 김홍신, 김낙중, 성기조, 임성숙, 김성동, 이병남, 김영만, 이생진, 유한근, 김용철, 채규판, 임동권, 최창열, 정광수 등 비중 있는 문인들의 원고를 수록함으로써 호서문학의 역량을 상승시켰다.《호서문학》은 호서문학상 시상, 신인작가 발굴, 작고 동인 대표작 순례, 예술 산책 등 간판급 얼굴로서의 문학의 지평을 심도 있게 확장해왔다. 《호서문학》은 여타 문학지와의 차별화 전략 중 하나로 외국문학을 광범위하게 탐구하고 소개해 왔다. 대부분 국내외 저명교수들께 의뢰하여 어렵게 원고를 받았지만 많은 찬사와 더불어 자평으로도 성공적이었다 소설가로 잘 알려진 최상규는 1980년대 후반 문학단체라곤 오직 호서문학회에서만 활동을 했는데 1994년 초 외롭게 세상을 떠날 때까지 영미문학이론을 소개하는 번역작업의 선봉에 있었다.

호서문학 정신을 오늘에 반영하고 미래에 스며들기를 바라는 다짐 몇 가지로 요약해 본다.

1. 미래를 개척해가는 향토 문단을 창설하고자 하는 정신이다. 《호서문학》 창간호에 실린 창간사에 나타나듯이 거센 바람을 견뎌내고 비상한 각오로 조국 문단에 꽃을 피우기 위해 초지일관 노력하여 최장수 문학지의 자긍심과 자존심, 그리고 명예로운 전통을 지키자는 것이다.
2. 시련과 역경을 극복하고 끝까지 서로 존중하고 포용하면서 문단을 세워나가는 전통을 지키자는 것이다. 때로 의견을 달리하고 다른 조직을 가졌더라도 갈라서는 것이 아니라

큰 명분과 긴 전통을 내세울 때는 배척함 없이 함께하는 것이다.

3. 향토 사랑과 전통적 토착 문단의 주체성을 확립하자는 것이다. 중앙문단의 격류나 다른 정치사회적 혼란이 있더라도 향토 문단은 독자적인 탄생과 발전 과정의 산물로서 중심을 지키며 나간다는 것이다.

4. 다양성을 인정하는 포용력으로 상생을 도모하는 문인 정신이다. 새로운 단체가 설립되고 다양한 활동형태가 나타난다할지라도 서로 적대감을 갖거나 참여를 제한하는 일이 없이 자유의사에 따라 모두의 참여를 허용하고 받아들이는 것이다.

5. 명예로운 문인의 자존과 문우애와 문단 존중의 전통을 지키는 것이다. 문단이 정치나 사회적 격동에 흔들리고 파괴되지 않고 결국은 본연의 위치로 돌아와 미래를 향해 발걸음을 옮겨가는 것이다.

6. 향토문단을 흔들거나 갈등으로 몰고 가는 행위를 용납하지 않는 것이다. 이권이나 야심이나 감정 때문에 잠시 충격을 받더라도 끝내는 모든 문인이 함께 향토 문단을 지켜가는 일원으로 동참하게 하는 흡수력을 바탕으로 대의명분에 충실함이다.

7. 선비고장의 품격을 지키는 것이다. 개별적으로는 생각이 다르고 가치관에 차이가 있을지라도 문단의 전체적 운영은

선비고장다운 면모를 유지해가기 위해 노력하는 것이다.

《호서문학》은 매년 6월과 11월에 반 년간으로 발간하여 회원, 문인, 공공기관, 대학도서관 등에 배부하고 있으며 호서우수문학상, 호서문학상을 시상하고 있다.

《호서문학》은 1940년대 '동백'과 '향토'지의 맥을 이어받은 명실상부 지역문학지의 뿌리라고 할 수 있다. 지금까지 발행이 끊기지않고 면면이 이어오고 있음은 대전을 넘어 한국문학의 자부심이라고 할 수 있다. 단지 《호서문학》이 역사가 오래됐다는 것만 자랑하는 것만은 아니다. 지역문학지를 넘어 한국의 대표적인 문학지로 자리매김하기 위해 그동안 선·후배 문인들의 열정과 노력이 뒷받침됐기에 지금의 위치에 설 수 있었던 것이다. 앞으로도 이러한 자부심을 이어가며 더욱 업그레이드할 수 있도록 회원 모두가 최선의 노력을 다해야 할 것이다.

그러함에도 지역문학이 안고 있는 가장 큰 문제점이라면 지역문학 발전을 위한 지역문인의 일관된 목소리가 크지 못했으며 그 지역의 특색으로 접근하지 못한 향토문학의 실종을 꼽을 수 있다. 향토적인 것은 개성적인 것을 뜻하며 개성은 지역 문학의 근원이 된다. 향토성에는 작품의 소재적 측면은 물론이고 지역 문학이 자기의 지역에 기여하는 측면, 예를 들자면 강원도의 토지문학관이나 김유정 문학관과 같은 문인의 생가, 작품의 배경,

지역주민을 위한 문학 활동, 지역문학의 저변확대로 대전, 충청의 문학적인 체험을 하고 이미지를 심어줄 수 있는 문학매개체가 갖추어져야 한다.

또 하나의 문제점으로는 지역문학 발전에 관심이 부족한 언론매체와 홍보의 여건이 잘 안 된다는 점을 들 수 있다. 신문, 방송 등의 얼론 매체를 통하지 않고는 진정한 독자와 만나는데 한계를 지니고 있으며 지역문학의 여건상 언론매체의 무관심이나 부재가 지역문학이 중앙의 독자를 확보하지 못한데다 경제적 상황마저 빈약한 지역문학으로서는 문예지나 무크지 발간도 쉽지 않은 실정이다. 각 지역마다 수많은 지역문학지가 발행되고는 있지만 문학 비평을 통한 작품 발굴과 질적 향상이 연계되지 않고 있어 문학매체로서의 순기능을 발휘하지 못하고 있다.

시·도 단위별로 지역 연고를 둔 문예지의 발간과 지역연고 문예지끼리의 연대를 통해 지역문학의 중앙 화를 지향하기도 하고는 있지만 여전히 한계를 안고 있다. 중앙지를 표방한 문예지와 차별화 할 수 있는 작품의 향토색을 드러내지 못한 채 문예지 출신끼리의 지면 맞교환, 지역문예지의 장 안에 들어온 문인의 연대에 머무르고 있다는 것이다. 결국 중앙문예지보다 폐쇄적이라는 지적까지 받고 있는 지역문예지에게 요구되는 것은 지방문학지의 성격을 넘어서는 열린 시각이라 하겠다.

이 기회에 하나 더 말하자면 지역문학의 어려운 점은 비평다운 문학비평으로부터 외면당하고 있다는 점이다. 지역문학의 구성원에 평론가와 국문학자도 적을뿐더러, 몇 명 안되는 문학 평론가마저 지명도 있는 문인 중심으로 평론 작업이 이뤄지고 있으므로 지역문인의 작품이 비평의 도마에 오르지도 못하는 경우가 많은 실정이다.

지역문학이 다른 지역이나 중앙을 겨냥한 치열한 창작정신보다는 지역의 문화 권력으로 안주하는 현상도 문제점이라 말 할 수 있다. 지방자치제와 맞물리면서 독자와 유권자의 혼동 속에 지역의 문화 권력으로 만족하고 있는 경우가 많다. 지역문학은 지역의 문화 권력 숲에서 벗어나 지역문학의 활성화, 지역문학의 중앙문학으로의 진출, 더 나아가서는 세계화를 이룰 수 있는 방안을 모색해야 한다.

지역문학의 활성화 모색은 중앙으로 진출을 시도하거나, 새로운 중심을 이루고자 하는 욕심이 아니라 탈경계에서 시작되어야 한다. "지역문학에 대한 열등감은 무조건적인 지방분파주의적 편견을 낳았고 지방색이라는 부작용을 낳았"던 만큼, 지역문학의 위상회복을 위해서는 "중심부 문화자본의 논리에 흡수될 것이 아니라 비판적 지역주의의 입장에서 지역문학을 활성화하려는 노력"이 요구된다.

《호서문학》이 한 지역문학에 머물지 않고 앞으로 더욱더 향상과 발전을 하기 위해서는 무엇보다도 재정즉, 인적인 확보가 우선 되어야 한다. 이를 확보하기 위해서는 평소 자치단체, 문화재단과의 관계를 긴밀히 유지하여 사업의 예산 편성과 확보에 노력하는 것은 물론이고 지역내의 뜻 있는 기업체 그리고 출향 인사 가운데 재력가나 뜻 있는 독지가들의 후원을 받을 수 있는 방향을 모색해 나감으로서 문학에 관한 책자 발간 등 지역문학 발전을 다각적으로 모색해 갈 수 있다고 본다.

인적인 확보 역시 수량적인 면보다는 질적인 면에 더욱 치중해야 할 것으로 본다. 회원들의 창작 의욕 고취는 물론이고 유능한 신입회원 영입 등에 심혈을 기울이며, 호서문학상 및 작품상 등을 엄격한 기준으로 선발·발굴하고 격조 높고 품위가 있는 시상이 되도록 제도 및 절차를 능률적으로 운영해야 한다.

《호서문학》은 6·25 한국전쟁의 와중에 척박한 문화풍토 속에서 향토 문학의 꽃으로 1952년 태어난 우리지역은 물론 전국에서 가장 유구한 전통을 이어 온 종합문예지 중의 하나이며 지역이라는 어려운 여건 속에서도 70여 년간 그 맥을 면면히 이어왔고 순수한 문학 활동의 지향과 전통문화의 가치를 진작시켜 왔으며 우리의 문화적 자각과 자율성을 추구하면서 문학의 올바른 자리매김을 위하여 노력하고 있다.

《호서문학》은 지역문학의 장점을 최대한 살리어 중앙문학의 버팀목이 됨은 물론 한국문학 세계화의 길을 함께 추구해 가야 한다는 보다 큰 과제를 안고 있다.

2부

우리는 지금
고구려로 가고 있다

변화하는 매체 미디어 환경에서 문학 활동

1. 페이스북을 통한 소통 방식의 현대화

지나간 2년의 세월이 매우 아깝다 앞으로 몇 년이 더 걸릴지 아니면 빨리 끝날 수 있을지 코로나19가 원망스럽기만 하다. 코로나19로 인하여 우리나라 뿐만 아니라 온 세계인의 삶속에 불편함은 무엇으로 보상 받을 수 있을지 모르겠다. 특히 문학의 영역에도 비대면으로 인한 혼돈의 늪에 빠지지 않을 수가 없게 되었다. 작품발표회, 문학기행, 각종 심포지엄 및 토론회 등도 집단적으로 모인 가운데는 할 수 없고 오직 온라인 소통을 통해 문학활동을 유지 할 수 있게 되었다. 펜더믹시대의 문학 활동은

SNS를 통하여 좀 더 활성화 될 수 있다고 본다.

　SNS란 소셜 네트워크 서비스(Social Netwcrk Service)의 약자이다. 사교적인 연결망을 제공하는 서비스를 의미하는데 싸이월드 미니홈피나 네이버 블로그, 카페도 큰 범주에서 본다면 SNS에 속한다고 볼 수 있다. 이 중에서 가장 많이 폭 넓게 쓰이고 있는 페이스북이 있다. 최근 SNS 패러다임이 소통 방식의 변화와 디바이스의 변화로 바뀌고 있다. 지금까지의 카페나 블로그는 내가 글을 올리면 다른 사람이 내 홈에 방문하여 방명록을 올리고 주로 긴 글의 메시지를 기록하는 형태였지만 현재 유행하는 SNS는 공유하는 마이크로 블로그의 개념이 크다 글을 공유함으로써 방문하지 않고도 내 홈에서 친구의 글을 볼 수 있고 현재의 상태를 단문으로 영상과 함께 기록하는 형태로 바뀌었다. 단순히 글만 올리는 것 보다도 사진이나 동영상 등의 멀티미디어를 활용하는 빈도가 더 커지고 있고 또 효과적이다. 기존의 SNS는 주로 데스크탑 컴퓨터에서 작성되었지만 오늘의 SNS, 페이스북도 마찬가지로 핸트폰으로 손쉽게 글을 작성하고 올리게 된다.

　Facebook은 카페와 매우 비슷한 모습을 하고 있기 때문에 이미지 동영상도 올릴 수 있고 창작된 글도 수시로 올릴 수가 있다. 좋은 점은 단지 방문의 개념보다는 공유의 개념이 커서 친구의 페이스북을 방문하지 않더라도 내 페이스북에서 페친의 글을 받아볼 수 있어서 편리하다. 페이스북의 타임라인과 뉴스피드에는 내가 올린 글과 사진, 동영상은 물론이고 페친들이 올린 글과 동정 등이 실시간으로 오른다 국내 어디서나 그리고 세계 각국에서 올린 다양한 내용의 글과 사진 등을 나의 현 위치에서 빠르게 볼 수가 있어 신속한 정보를 받아 볼 수가 있다. 페이스북에서는 친구로 맺어진 페친들의 반응과 정서, 감정을 '좋아요'와 답글을 통해 공유할 수 있다. 이것이 소셜네트워크서비스의 특성이 시작되는 시점이다. 페이스북의 타임라인과 뉴스피드는 사람들끼리 만드는 하이퍼링크다. 페이스북 이용자들은 서로의 감정과 생각, 정서를 실시간으로 하이퍼링크한다. 그래서 어떤 정서나 의견이 전달되는 속도가 매우 빠르고 그 전달 범위가 또한 매우 넓다.

2. 페이스북은 작품 발표 욕구 충족

페이스북에 내가 올린 글은 각 곳의 페친들에게 빠르게 전달되고 친구의 '좋아요'나 댓글을 통해서 친구의 친구들까지 도달하게 된다. 페친이 많은 것도 좋지만 내 글에 반응을 해주는 친구들이 많을수록 더 많은 사람에게 도달이 된다. 페이스북은 콘텐츠 생산도 중요하지만 소통이 아주 중요하다. 페친들의 글에 '좋아요'나 댓글을 달면서 친밀도를 높이는 것도 매우 중요하다.

친밀도를 올리기 위해서는 페친의 좋은 글이나 사진 등에 반응을 보이는 것이 좋다 간단한 방법은 '좋아요'를 눌러주는 것이다. 댓글을 달아주면 금상첨화다. 좀더 많은 반응을 받으려면 글만 올리는 것보다 사진이나 동영상도 같이 올리는 것이 좋다. 긴 문장의 소설이나 평론 등은 성격에 맞지 않다고 본다. 제일 효과적인 장르는 시라고 본다. 시와 함께 분위기에 맞는 사진도 함께 올리는 것이 좋다 수필도 길면 잘 어울리지 않는다. 페이스북은 마음에 맞는 친구를 점차로 늘려나가는 것이 좋다 친구를 늘리는 것도 전혀 모르는 사람이나 생각하는 것이 다른 친구로 맺는 것보다는 시인이면 시를 쓰는 사람이나 시를 좋아하는 사람, 올린 글에 반응을 보이며 댓글도 달아주는 친구를 우선적으로 친구로 만들면 반응(피드백)이 빨라서 좋다. 외국의 낯선 사람이나 인물 사진이 없는 사람, 아무 인물 정보도 밝히지 않아 타임라인에 글이 전혀 올라오지 않는 사람에겐 친구 신청을 받지 않는 것이 좋고 친구 신청을 내가 하려면 잘 아는 사람에게, 같은 직업이나 취미, 그리고 문학적인 동료 중에서 인물 사진은 본인 얼굴로 하고, 타임라인에 꾸준히 글을 올리는 방법이 좋다.

페이스북에 글을 올리는 사람들은 아마추어 시인들, 습작기에 있는 사람들도 상당하다. 하지만 정식으르 등단을 하고 몇 권씩 시집을 낸 중진이나 원로 시인들도 시를 통해 페이스북에 참여하고 있다. 시인들도 그때그때의 사안에 다른 의견이나 코멘트를 올리는 경우가 많다. 물론 시만을 고집해 페이스북에 올리는 사람도 있다. 페이스북에 참여하는 시인들 중에는 자신의 창작품을 꾸준히 올리는 사람도 있지만 자신의 글은 올리지는 않고 다른 시인의 글만 보는 사람들도 많고 다른 시인의 시를 페이스북에 올리고 해설을 덧붙이는 사람도 있다. 혹간 어느 시인은 자신이 운영하는 문예지와 페이스북을 연결해 운영하고 있기도 하다. 페이스북에 게재되는 모든 예술적인 글이나 영상이 다 인간의 서정적 욕구를 충족시켜주는 것은 아니고 서사적 욕구, 극적 욕구 등 산문적 욕구와 관련되어 있거나, 그것들을 충족시켜주는 글이나 영상도 실려 있다. 페이스북의 수용 능력은 사람들의 정치적 욕구, 사회적 욕구, 종교적 욕구, 이념적 욕구 등도 받아들이고 있다 페이스북의 글이 서정시나 수필 등 완성된 장르이기보다는 짧은 의견이나 짧은 코멘트 등 잡글인 경우가 있다 페이스북에 올려지는 글은 그때그때의 정치적 사안에 따라 즉흥적으로 작성되는 의견이나 코멘트 등도 많다. 따라서 페이스북에서는 당시의 정치적 이슈를 중심으로 수많은 의견이나 코멘트 잡글이 발표 되어 여론을 형성하는 경우 있다.

　나는 하루에도 몇 번씩 페이스북을 열어보고 1주에 한두 편 정도의 시를 사진과 함께 올리고 있다.

3. 페이스북의 빛과 그늘

페이스북의 세계 속에 심취되면 시간 가는 줄 모르게 재미도 있다. 생면부지의 세계 곳곳에 사는 사람들과 친구로 지낸다는 사실이 신비롭다. 페이스북 내에서는 낯을 가리지 않아서 좋다. 국적, 인종, 남녀, 노소, 직업, 직책 등을 구분하지 않고 평등한 친구가 될 수 있다는 점이 좋다. 페이스북에 글을 올리면 그 즉시 반응을 보인다는 것도 그럴 수 없는 매력이라고 본다. 많은 시간과 어느 장소의 구애를 받지 않고도 전국에 흩어져 사는 이들뿐만 아니라 세계 곳곳에 살아가는 사람들과 아무런 격의 없이 사사로이 의견과 감정을 나눌 수 있다는 점이 좋다. 공유의 세계가 열린 것이다. 요즈음같이 코로나로 사람 만나기가 어려워서 혼자 시간을 보내는 데에는 페이스북 활용 이상의 좋은 것이 없다. 계절과 시대 상황에 맞는 글을 올리면 자기만족은 물론이고 페친들의 반응을 보는 것도 흥미롭다 반응이 좋은 글은 컴퓨터에 다시 저장하고 문예지에 발표도 하였다. 페이스북은 그때그때 떠오르는 단상을 적어놓아 저장해놓는 메모리칩이기도 했고 종이 매체로 가기 전의 최초 발표 매체이기도 했다. 또한 이미 발표 된 글을 다시 올리어 많은 독자층의 재평가를 받기도 하였다.

사진이나 동영상과 함께 시를 써서 페이스북에 올렸더니 많은 사람들이 댓글을 달며 좋다는 반응도 보였다. 신기하고 재미있었다. 많은 댓글이 달려서 일일이 답글을 다 써주지는 못했지만 수시로 댓글을 읽고 마음의 위안을 받기도 하였다. 문예지에 발표하면 많아야 몇 백 명이 읽던 시를 페이스북에 발표하면 오천 명, 그 이상이 각 곳에서 읽는 셈이 되는 거였다. 일상의 살아가는 사소한 이야기로부터 인생의 무겁고 깊은 이야기까지 모두 나누게 되었다.

페이스북에도 그늘이 없는 것은 아니다 페이스북은 아무래도 기계에 의존하는 삶이라 한계가 있어 페친들과의 만남과 헤어짐이 언제든 수시로 이어지기 때문에 소통과 열림에 과연 진정성이 있을 수 있겠는가 하는 생각이 들지 않을 수 없다. 페이스북의 페친 숫자는 매일같이 늘어 가는데 오히려 진짜 친한 친구와의 관계는 소원해질 수도 있다고 본다.

페이스북은 사적 정보의 보호와 공개 사이에서 모순된 이중성을 통해 성장했다. 페이스북이라는 공간에서는 사적인 것과 공적인 것이 서로 공유한다. 익명의 가짜 정체성과 현실 세계의 진짜 정체성도 달리 구별되지 않는다. 사생활의 고유영역은 공개된 기록의 영역과 뒤섞인다.

페이스북에 미처 정선되지 않은 감정을 있는 그대로 토로하고 있는 글이나 영상들도 간혹 발견된다. 페이스북에 발표되는 글이나 영상은 문학적이라고 하더라도 조금은 덜 정제되고 덜

절제된 채로 발표되는 경우도 있다.

영국의 에든버러대 이야드 라환 박사 역시 온라인상의 관계가 사람들이 배움에 끼치는 영향에 대해 SNS가 사람들의 분석적인 생각에 부정적인 영향을 끼친다며 SNS가 사람들의 생각하는 능력을 저하시킨다고 주장을 하였다. 사람들은 시간과 노력을 들여가며 무언가에 대해 심사숙고하는 일을 꺼린다며 이로 인해 우리가 점점 더 게을러지고 비판즉으로 사고하는 능력을 잃게 된다는 지적도 했다. 앞으로는 익명성 뒤에 숨었던 복수 정체성의 시대는 지나가고 페이스북 류의 공사 융합, 위선위악 혼합, 드러냄과 감춤의 복합체, 얼굴 표정에 대한 섬세한 관리의 시대가 왔다고 본다.

문학활동이 코로나19 이전으로 되돌아 가는 것은 앞으로 힘들지도 모른다. 이러한 일상의 변화는 우리나라는 물론이고 전 세계 모두가 많은 변화를 가져올 것으로 예측되며 이에 대처해 SNS문학활동을 활발하게 하여야 할 것으르 본다.

<고구려탐험후기>
우리는 지금 고구려로 가고 있다

    우리는 지금 유구한 5천년 대한의 역사에서 가장 활기찼던, 그 고구려의 기상이 남아 숨 쉬고 있는 중원의 대 벌판, 우리의 조상들이 거침없이 말 달리던 그 광활한 터전을 밟아 보며 역사 속의 고향에 대한 향수를 마음속에 그려보기 위하여, 우리의 미래 그 후손들에게 뜨거운 피와 역사의 진리를 심어주어 자긍심과 찬란한 문화의 꽃을 미래에 활짝 피워놓아야 한다는 크나큰 사명감을 가지고, 시간을 마구 거슬러 올라가는 시간여행을 옛 우리의 땅, 지금은 중국의 변방으로 취급받고 있는 옛 고구려의 땅, 중국으로 떠나고 있다.

    인천 제1국제여객 터미날을 떠난, 인공섬, 대인호는 뱃길로 황해와 발해만의 거센 물살을 가르며 달려 지금은 중국의 땅으로만 알려지고 있는 고구려를 향하고 있다. 관광객들이 던져주는 한조각의 새우깡 부스러기를 받아먹기 위하여 뱃꽁무니를 억척스럽게 따라붙던 세태에 길들여진 수십 마리의 갈매기 떼도 밤이 밀려오자 어둠을 덮어가며 하나, 둘 지쳐서 떨어져 나가고 이제 잠에 골아떨어진 서해의 바닷물은 검은 포장을 둘둘 말아 덮고 있고 잠에 미처 들지못한 파도만이 하얗게 몸을 뒤척이며 움직거리는 모습이 마치 지상에 떨어져 내리는 여름밤의 별똥별 꼬리와도 흡사하게 보인다.

2007년 8월 9일 17시 경에 인천항에서 출발한 대인훼리호는 밤낮 가리지 않고 15시간 이상을 달려 중국 영토인 요동반도 대련항에 아침 10시경에나 도착하였다.

처음으로 대하는 대련항은 어제 두고 온 인천항이나 크게 다를 바는 없지만 규모에서는 더 광대하고 도시 곳곳에 우리가 어렷을 때, 육칠십 년대의 과거, 유년의 추억과 이 천년 대의 현재, 미래의 꿈이 별탈없이 함께 공존하고 있는 도시로 보였다. 첫 기착지인 대련은 중국에서도 몇 째 안가는 대도시라 한다.

중국의 다른 도시에서 숱 하게 보아왔던 자전거, 삼륜차 같은 교통수단도 별로 눈에 띄지 않았고, 고급 외제차들과 한국의 자동차들이 사이좋게 시내거리를 달려가고 있었다. 대련 인근에는 일제 때 안중근의사가 광복의 기쁨을 보지도 못한 채 옥사하신 여순 감옥이 자리하고 있던 곳이 있다. 여순을 찾아가 답사할 수는 없었다. 중국정부가 군사적요충지라는 이유로 개방을 하고 있지 않기 때문이었다.

탐험 둘째 날인 2007년 8월 10일 비는 끊임없이 내리는데 중국 내 일정 중 가장 처음 도착한 곳은 비사성, 수나라와 당나라가 침략해 왔을 때 산동반도의 동래에서 출발한 고구려의 수군이 맨 처음 부딪쳐 싸우게 되는 곳이 비사성, 서쪽 해안의 요충지라 한다 천리장성의 최북단은 부여성이고, 최남단은 비사성으로 당나라의 침략에 대비하여 16년간의 공사 끝에 연개소문에 의하여 완성되었다고 한다. 비사성은 가파르고 험난한 높은 산 꼭대기에 위치하고 있었다. 고구려인들이 그렇게 높은 절벽 위에 성을 쌓고 외세의 침략을 막을 수 있었으니 고구려인의 지혜와 그 기상에 다시금 감탄하지 않을 수 없었다.

중국에서는 고구려의 비사성을 유적지로 지정하여 국가적 차원에서 보호를 하고 있었다. 탐험대 일행은 경차인 "빵차"에 몇 명씩 나누어 타고 보기에도 가파른 대흑산 꼭대기에 위치한 비사성문을 둘러볼 수 있었다.

대련의 중심가에서 현지식으로 점식식사를 마친 후 압록강단교가 있는 신의주 인근지역 단동으로 이동하였다. 중국에서 제일 좋은 고속도로라 자랑하는 4차선으로 잘 다듬어진 도로를 대련에서 3시간 반 정도를 달려 도착한 곳이 단동이다. 고속도로 중간지점 쯤에 중국에선 보기드믄 호텔급 화장실에 들려 잠시나마 휴식할 수 있어서 이 또한 유명지가 됐을지도 모를 중국의 명소, 휴게소가 있었다.

단동시가지에는 매끈하지는 못하지만 일행을 반갑게 맞아주는 한글로 된 낯익은 간판들이 자주 눈에 띄어 반가웠다. 비오는 압록강가에서 한참을 물안개 속으로 희미하게 보이는 압록강 단교와 우리의 북녘 땅, 신의주를 넋 놓고 바라보고 바라보며 민족분단의 비극적인 현실을 안타갑게 받아들이지 않으면 안되었다. 압록강가에 있는 북한식 식당에서 우리 일행 모두는 너무 맛있는 저녁 식사를 할 수 있었다. 식당 종업원들이 한복을 곱게 차려입고 "안녕하십네까" 인사를 하였고 식당의 분위기도 북한의 모습 그대로 이었다. TV에서는 계속하여 선전 문구나 북한의 지도자 사진을 거듭 보여 주고 있었다.

식사 중에 여자 종업원들은 "아리랑, 반갑습니다, 고향의 봄" 등의 노래를 부르면서, 멋진 공연을 펼쳤고, 우리 일행들은 핸드폰이나 카메라를 꺼내 사진 찍기에 바빴다. 우리 북한 동포들의 춤과 노래를 실제로 보고, 들을 수 있어서 매우 반갑고 즐거웠다.

저녁 식사를 마치고 다시 집안으로 이동을 하여야 한다. 도로변의 차창 밖으로는 가도가도 옥수수 밭, 오직 옥수수밭 만이 넓은 바다처럼 끝없이 펼쳐진다.

이 광활한 땅이 어쩌면 고구려가 삼국을 통일하고 확창한 영토를 지켜주었으면 지금까지도 우리 것 일수 있었는데 하는 아쉬움만 남는다. 압록강을 옆에 끼고 얼마를 달렸을까 오른쪽으로 긴 강이 길게 보인다. 강 건너로 허름한 마을도 눈에 들어온다. 다른 민족의 땅은 밟고 있으면서도 갈 수 없는 금단의 땅으로만 생각되는 저 압록강 건너 우리의 북한 땅을 지척에 보고 밟아보지 못하는 마음은 안타깝기만하다. 밤 11시가 넘어서야 호텔로 들어와 여장을 풀었다. 한국시간으로는 지금 이 시각이 자정이다.

탐험 세째날 2007년 8월 11일 오늘은 고구려 탐험 일정 중 가장 기대가 되는 민족의 영산인 백두산을 등정하고 그리워 애태우던 천지와 만나기로 약속한 날이 왔다.

아침부터 주루주룩 하염없이 비가 내리는 하늘을 연신 바라보며, 그렇게 보고 싶던 천지를 보지 못하고 내려오는 것이 아닐까 하는 조바심 섞인 마음이 앞서 있었다.

가면갈수록 점점 더 굵어지는 빗줄기. 중국인 버스기사가 연신 눌려대는 방정맞은 크락션 소리. 어쩐지, 천지를 볼 수 없을 것 만 같은 불길한 생각이 자꾸 들었다.

백두산을 여러 번 등정했어도 현지의 변덕스러운 날씨 때문에 천지를 한 번도 보지못한 사람이 많다고 한다

백두산내 유일한 식당인 약생원에서 현지식 점심식사를 했다 오늘 아침밥을 못먹은 탓에 배가 무척 고팠지만, 현지식 민물고기 튀김, 사슴 고기 등이 입에 맞지 않아 가방 속에 준비한 컵라면과 인삼 튀김 몇 조각으로 점심을 먹었다. 다시 백두산 내에서만 이동하는 버스로 갈아타고 굽이굽이 정상을 향해 30분쯤을 이동해 1200계단 밑까지 갔을 때까지는 덜정하던 날씨가 조금씩 올라가면 올라갈수록 점점 굵어지는 빗줄기에 미리 준비한 비옷을 꺼내 입었다. "왕복 5만원"만 내면 태워준다고 정확한 한국어로 연신 외쳐대던 중국인 가마꾼의 유혹을 뿌리치고, 드디어 정상에 도착, "백두산 등정" "천지와의 해후" 마음속으로만 그려왔던 백두산을 밟아보고, 천지를 눈으로 바라볼 수만 있다면 얼마나 좋을까하는 생각이 들었지만 아침부터 비가 왔다

- 백두산 정상에서

- 조중경계비

가 그쳤다가를 반복하는 변덕스러운 날씨가 계속 되어서, 우리 일행은 천지를 볼 수 없었다. 천지는 뿌연 안개로 뒤덮여서 전혀 볼 수가 없었다. 우리 일행은 실망한 마음을 감추지 못하며, 연신 안타까워만 하였다.

천지 옆에는 조그마한 비석 하나가 꽂혀있다. 한쪽에는 中國 반대쪽에는 조선 이라고 빨간 글씨로 쓰여진 비석 그것은 조중 경계비였다. 백두산을 중국과 북한 두 쪽으로 나누는 비석이다. 우리민족의 영산인 백두산을 남의 나라를 거처 와서 등정해야 하는 것도 가슴 아픈 데 반쪽을 뚝 갈라서 자기들 땅으로 편입시켜 놓고 이름까지 장백산이라 통하고 있으니 참으로 안타까운 일이 아닐수 없다. 백두산에 오르기 전에는 단순히 천지를 볼 수 있다는 생각에만 설레였지만 우리나라 땅인 백두산을 가까운 거리를 뒤로 하고 중국을 통해서 갈 수 밖에 없다는 현실이 마음을 아프게 했다.

조중경계비 앞에서 기념사진을 찍으면서, 백두산의 맑은 공기를 마시고, 백두산과 북한 땅을 직접 밟아본 것에 만족해야했다. 언제 다시 한 번 찾아와 천지를 만날 수 있으리라는 생각을 하며, 백두산을 다시 내려오면서, 금강대협곡의 장관을 바라볼 수 있었다. 금강대협곡은 화산 폭발시 용암이 흘러내려 만들어진 V자 형태의 계곡이다. 동양의 그랜드캐년이라고 불리기도

하는데 협곡을 따라 산책로 형식으로 코스가 조성되어 있었다. 눈대중으로 보아도 계곡의 깊이가 100미터는 되 보이는데 다양한 형태의 기암괴석들과 짙게 우거진 수목들과 어우러져 밀림 속에 장관을 연출한다.

점심식사를 했던 현지식 식당에서 먹고 남은 컵라면과 함께 다시한번 입맛에 맞지않는 저녁식사를 마치고, 또다시 5시간을 달려 집안에서 하루를 묵었다.

탐험 4일차인 8월 12일(일) 고구려의 문화의 집산지인 집안으로 다시 이동하여 조선족학교를 방문하여 도서를 기증하고, 장군릉, 광개토대왕릉비, 5호묘, 환도산성을 탐사하고, 다시 잠시 들렸던 단동으로 이동하여 압록강 유람선 체험 및 신의주를 눈과 가슴으로만 바라보고 안타까와하며 되새겨야하는 일정으로 하루가 시작되었다.

조선족학교 근처에 다다랐을 때 깔끔하지는 못했지만 반가운 우리의 한글 간판이 여기저기 눈에 띄었다. 학교에 학생은 방학중이라 없었다. 조선족학교의 여자 부교장 선생님의 말씀을 들어보니, 집안시 조선족학교의 학생들은 한국어, 중국어, 영어에 컴퓨터까지 배우고, 중국의 전체 시험에서 수석을 여러 차례 배출하기도 한 명문학교라고 어눌한 조선어로 침이 마르게 자랑을 하였다.

조선족학교에 입학하는 학생들은 갈수록 감소하고 있단다. 우리말을 한마디도 구사 할 줄 모르는 아이들이 50%에 육박한다는 것이다. 또래들이 중국인이라 아무리 열심히 가르쳐도 우리의 말은 머릿속에서 금세 사라지고 만다는 것이다. 뜻있는 우리 기업인들이 조선족학교를 세워 주려고 해도 중국정부가 허가해 주지 않아 더 이상의 조선족 학교 설립이 힘들다고 한다. 이 국땅에서 소수민족으로 살아가는 우리 교포들이 민족의 정체성을 유지하며 자긍심을 잃지 않고 살아갈 수 있도록 우리정부와 국민들의 따뜻한 관심과 지원이 절실하다는 생각이 든다.

우리의 80년대의 교실에서 볼 수 있을 법한 책걸상으로 꾸며진 조선족학교의 교실을 둘러보고, 준비한 도서를 기증하였다.

- 도서기증식이 끝나고

나는 내가 쓴 작품집 5권을 학교 도서관에 기증하였다. 기념 단체사진을 찍고 일행은 다음 일정을 위해 버스에 올랐다. 버스로 이동을 할 때는 "역사스페셜 – 고구려편" 비디오를 감상하면서 신라의 고도 경주, 백제의 고도, 부여와 공주 등을 둘러보듯이 고구려의 고도 집안시의 각종 고분, 벽화, 비석 등이 즐비한 구석구석을 돌아보았다.

산기슭 아래에 경주에서 보듯 하나 둘 거대한 무덤이 눈에 들어오기 시작한다.

제일 먼저 구경한 것은 환도산성이다. 현지 조선족학교 선생님 가이드의 재미있는 설명을 들었다.

돌아 나오면서 아파트 밀집지역에 위치한 국내성을 잠시 들렀다.

허름한 아파트 앞에 허술해 보이는 담장으로 둘러싸인 국내성. 한마디로 실망스러웠다. 어마어마한 성곽을 상상했었는데, 눈앞에 펼쳐진 것은 그냥 여러 개의 돌들이 마구잡이로 쌓여있는 초라한 모습이었다. 일제 때, 그리고 역사보존에 대한 의식이 적었던 과거의 중국인들이 국내성의 네모 반듯한 돌들을 마구 빼다가 자신들의 집을 짓는데 사용했다고 한다. 광개토대왕릉을 방문했다. 어마어마한 무덤의 크기에 걸맞게, 무덤에 올라갈 수 있는 계단이 설치되어 있었다. 무덤 안에는 광개토대왕과 왕비, 첩의 3명이 따로 누워있었던 관자리가 있었다. "국강상광개토경평안호태왕비"이다. 이 비가 많아지는 관광객에 의해 훼손되는 것을 방지하기 위해 광개토대왕비의 어마어마한 크기에 걸맞는 덧집을 만들어 유적을 보호하고 있었다. 내부에 들어가 볼 수는 있어도 사진 촬영은 금지되어있어서 우리 탐사대원들은 밖에서 단체사진을 찍는 것에 만족해야 했다.

광개토대왕릉비는 그 높이가 6.39m에 달한다. 웬만한 건물 3층 높이 정도인데, 비석의 무게만 해도 수십 톤에 달한다고 하니 당시 그의 아들 장수왕의 배포가 대단하였음을 짐작하게 한다.

발견 초기에는 비석만 하나 덩그러니 놓여 있었지만 그 후로 비의 훼손을 막기 위하여 거대한 비각을 세우고 관리공무원까지 배치하여 세심하게 보호하고 있었다.

인근의 5호묘 안에 들어가서 고구려 벽화를 감상했다. 그 당시에 다양한 색채로 생생한 삶의 모습을 그리어 놓은 것이 지금까지도 그렇게 선명할 수가 있을까?

귀족의 묘로 추정되는 5호분 5호묘는 일반인들에게도 한 곳만을 개방하기 때문에 무덤 안으로 꽤 깊숙이 들어가자 마치 방 같은 곳에 직사각형 모양의 돌판이 3개가 놓여 있다. 천장과 벽에는 사신四神상과 당시의 생활상을 알 수 있는 모습들이 다채롭게 그려져 있다. 3개의 돌판 위에는 원래 시신이 있었던 걸로 추정된다고 한다.

가운데 돌판은 귀족의 시신이 놓여 있었을 테고 좌우측에는

그의 부인과 첩의 자리인 것으로 추측된다고 한다. 한 가지 흥미로운 점은 돌과 돌 사이에 간격이 다르다는 점인데 돌의 간격이 가까운 것이 정실부인이고 그것보다 조금 멀리 떨어져 있는 것이 첩의 것 이라고 한다. 애석하게도 시신과 보석들은 모두 일본인에 의해 도굴당한 상태 이다. 사신상 청룡의 눈에 박혀있던 보석조차도 약탈해가 없어졌다 한다.

고구려인의 예술성과 섬세함에 또 한 번 놀라지 않을 수 없었다. 도굴꾼들이 뽑아간 보석들의 빈자리 벽화 곳곳에 뚫린 구멍들과 지하 벽면에 줄줄 흐르고 있는 지하수로 인해, 벽화가 날이 갈수록 점점 훼손되어 가고 있다니 너무나 안타까웠다

- 장수왕의 무덤인 "장군총"

　다음으로 방문한 곳은 아시아의 피라미드로 불리는 장수왕의 무덤인 "장군총"이다. 조금 전에 본 광개토대왕릉은 지금도 산 곳곳에서 볼 수 있는 흙을 쌓아서 만든 무덤 형태이지만, 그의 아들인 장수왕릉은 거대한 돌을 네모반듯하게 만들어서 층층이 쌓고, 쌓아올린 돌들이 비바람에 무너져 내리지 않도록, 과학적이고, 섬세하게 만들어졌다.
　수백 년의 세월이 흘렀음을 무색하게 하는 고구려인들의 솜씨와 예술혼에 박수를 보낸다.
　중국 국경 안에서 이루어진 모든 역사를 중국 역사로 만들기 위해 중국이 추진하고 있는 동북쪽 지역의 역사에 관한 연구 프로젝트! 중국은 일명 "동북공정"이라 칭하면서, 고조선, 고구려, 발해 그리고 현재의 대한민국까지도 그들의 변방국가로 취급하며 그들의 역사로 편입시키려는 왜곡된 역사 프로젝트를 진행하기 위해 혈안이 되 있다.

  광개토대왕비, 백두산, 국내성 등이 그들의 영토 안에 속해 있다는 이유로 마음대로 관리 및 홍보를 하고, 우리의 백두산을 중국식 장백산으로 탈 바꿔 관광자원으로 개발하여 많은 입장료 수입을 올리면서 중국의 유물, 유적이라고 우기고 있는 것이다. 작년 이맘때쯤 언론보도를 통해서 시작되었던 한·중 두 나라 간의 뜨거운 역사적 분쟁은 많은 사람들의 이목을 끌었지만 정작 우리나라 국민들 중 몇 명이나 이러한 왜곡된 역사적 현실에 대해 자세하게 알고 대처해나가겠다고 다짐하고 있는 것일까?

  나 역시 이번 탐사를 다녀오기 전까지는 중국이 고조선의 역사를 중국사로 편입하려하고, 백두산을 장백산으로 바꿔 세계자연유산으로 등재한다는 소식 정도 밖에 알지 못했고 더 알려 하지도 않았다. 대한민국 국민의 한사람으로서, 제 2세들의 교육을 담당하고 있는 교사의 한 사람으로서, 우리 훌륭한 조상들의 자랑스런 후손으로서 이러한 중국의 역사적 태도와 우리 정부의 안일한 대응태도에 마음이 안타깝지만 신흥 강대국에 적극적으로 맞설 수 없는 국내외적 현실이 너무나도 서글퍼질 뿐이다.

- 압록강 단교 밑으로 유람선을 타고

　5일차 8월 13일(월) 단동에서 압록강 단교 밑 유람선으로 신의주 바라볼 수 있는 일정과 처음이자 마지막 기착지인 대련으로 이동하여 러시아 거리 답사 후에 대인 훼리호에 승선 고구려 탐방인 중국 기행 마지막 날의 일정을 보내게 되었다.

　탐험대 일행 모두는 중국령 단동과 북한의 신의주를 가로 지르는 압록강에서 유람선을 타고 배위에서 우리 역사의 아픔인 6·25전쟁의 흔적으로 끊어진 압록강 단교를 올려다 볼 수 있었다. 북한 땅과 거기에서 생활하는 북한 동포들을 멀리서나마 바라 볼 수 있었다. 신의주가 건너편에 가깝게 바라보이는 단동에서의 관심 있는 하나는 유람선을 타는 동안, 강 저쪽 편에는 중국과 북한 사이에는 두 개의 다리가 있었다.

하나는 끊어진 다리, 하나는 이어진 다리. 바로, 끊어진 다리는 미국이 6·25 때 중공군의 침입을 막기 우해 폭파했던 압록강 단교였다. 그 옆에 똑 같이 만들어진 철교를 다시 신설하고 중국과 북한이 물물교역을 하고 있다. 아침 10시쯤이면 중국 측으로부터 물자를 실어가기 위한 북측 차량이 온다고 한다. 다른 나라와는 매일 차량이 오가면서도 같은 민족끼리는 오갈 수 없는 현실이 참으로 안타깝다.

강 건너 저 족에 신의주 모습이 보인다. 조선소의 모습, "김정일 동지 만세!"라고 쓰여진 현수막도 있고. 남북 분단의 현실이 눈앞에 느껴지는 순간이다.

유람선을 타고 북한의 땅과 인접한 곳 까지 매우 가까이 다가갈 수 있었다.

북한에는 유람선이 없어 넘어오지도 못한다.

중국인들은 한 여름철에는 수영을 하여 북한까지 건너가기도 하지만 북측에서는 유람선을 띄워 이곳으로 넘어 온다거나 하는 일들은 상상할 수도 없다고 한다.

가까이 접근하자 정말 손에 닿을 듯 말 듯 할 정도의 거리다. 건너편 북쪽 강변에서 낚시질하는 인딘군 병사와 아무 움직임이

– 저기가 바로 북한 땅

– 신의주가 바로 앞에 보이고

없는 어린이 놀이기구도 불수가 있었다.

'21세기의 태양 김일성장군 만세!'라는 구호가 쓰인 플래카드도 보이고 칙칙하게 보이는 조선소와 매여 있는 배들도 보인다. 우리 일행이 큰소리로 인사를 건네 보지만 아무 대답도 들을 수는 없었다. 가끔은 유람선을 향해 손을 흔들어준다. 유람선이 서서히 압록강 단교 밑을 지나 신의주가 있는 강변 쪽을 향하여 뱃머리를 돌린다.

대련으로 이동하여 현지식으로 점심식사를 한 후 러시아거리를 답사했다.

"러시아거리"라 하지만, 러시아거리에서 러시아는 없다. 러시아거리에는 단지, 중국인들이 만들어 놓은 저가의 물품과 러시아 풍의 건물들이 있을 뿐이다. 러시아거리에서 우리 일행들은 간단한 기념품을 사며 시간을 보냈다.

이제, 우리 일행은 인천으로 향하는 대인훼리에 오르기 위해 대련항으로 출발했다.

"아! 우리의 고구려여!" 아쉬움을 뒤로한 채, 우리는 여권수속을 마치고, 대인훼리호에 탑승했다.

다시 배를 타고 한국으로 돌아오면서 함께 고구려 유적지를 탐사하며 당대의 역사 속에 잠시나마 동고동락했던 5박 6일간의 일정을 돌아오는 배안에서 정리해 본다. 드넓은 만주 벌판을 호령하던 우리 선조들의 숨결과 발자취를 따라가며 조상들의 기개를 가슴에 담아 본 것도 좋았지만, 압록강에서 바라본 북녘 땅의 안개 속 모습은 우리의 기억 속에서 오래오래 남아있을 것이다.

얼마 후에는 우리 측 대표단이 경의선을 이용해 북한으로 건너가 남북정상회담을 한다고 하는데 남북 분단의 아픔과 통일이 된 미래에 대해서도 깊이 생각을 준비할 수 있었던 아주 보람 있는 유적 탐사 여행이었다.

중국 영토 내에 있는 고구려 역사 탐방을 통해 우리 조상들의 문명을 다시 조명해 볼 수 있었고 새로운 것을 깨달을 수 있는

– 고구려 역사 탐사는 보람찬 경험이었다.

– 우리 조상들의 얼, 광개토대왕비

좋은 기회였다.

다음에는 북한에 흩어져있는 고구려 문화를 찾아보고 싶다.

남북통일이 되어 남북한이 손을 맞잡고 우리 조상들의 아름답고 웅장한 우리의 문화유산 고구려 유적을 찾아 조상의 얼을 함께 느끼고 민족적인 자긍심을 가질 수 있는 날이 하루빨리 왔으면 한다.

2층 침대 칸 위에서 다리도 마음껏 뻗지도 못한 채 피곤하다는 이유만으로는 잠을 아무리 청해보아도 쉽게 빠져 들지를 못하고 거의 배 위에서의 하룻밤을 이 생각 저 생각을 하며 지새웠다. 배도 조금씩 더 흔들리고 뱃고동 소리가 들리기 시작한다.

시계를 보니 새벽 4시. 저녁 늦게까지 떠들어대던 경상도 아줌마들의 목소리도 들리지 않는걸 보니 곯아 떨어진 것 같다. 갑판으로 나가서 먼동이 훤하게 밝아오기 시작하는 서해 바다를 바라보았다. 선상위에서의 일출광경은 오늘도 기대할 수가 없다. 여름 밤비가 여직껏 주룩주룩 내리고 있었다. 고구려 탐사기간 동안 하루도 쉬지 않고 끈질기게 내리는 지긋지긋한 장마다.

감감무소식이던 핸드폰도 터지기 시작한다. 한국의 영해지역에 드디어 들어왔나보다 처음으로 집에 안부 전화를 걸었다. 어느덧 배안의 사람들은 짐을 챙기며 두고온 님을 맞기 위하여 설레이는 마음으로 옷매무새도 매만지며 선상 위에서의 마지막 아침식사를 하느라 분주해졌고, 배 주위에는 크고 작은 섬들도 나타났다 사라지기도한다.

6일 차 8월 14일(화) 11:00 인천항 도착이다. 입국 수속을 마치고, 우리 탐험대원들은 인천여객터미널 출구를 빠져나왔다. 모두들 5박 6일 동안의 빡빡했던 여행 일정으로 조금은 지친 모습이었지만, 얼굴마다 어딘가 모를 흐뭇한 미소가 가득해보였다.

역사 여행은 아직 끝나지 않았고, 앞으로도 계속 될 것이다.

이번 8월 9일 부터 14일까지 5박 6일 동안 중국 내의 고구려 문화 탐험을 통해, 우리 역사와 조상들에 대한 자부심과 긍지를 다시 한 번 가슴깊이 느낄수 있었다.

　고구려 역사탐사를 통해서, 중국의 경제가 발전 되가고 있는 모습과 앞으로의 성장가능성에 대해 직접 눈으로 확인 할 수도 있었고, 엄연한 "고구려"의 우리 역사를 한낮 중국 지방정부의 역사로 편입하려는 어리석음을 다시금 확인하고 마음가짐을 다져 볼 수 있는 좋은 기회였다.

　"역사는 과거와 현재의 대화이다."라는 어느 역사학자의 말을 가슴 깊이 되새기며 찬란했던 과거의 우리 고구려 유적 탐사를 오늘과 내일의 과제로 제시해본다.

대숲 아래서 박목월 시인과 산책

어쩌다 보니 참 오래된 이야기다. 고희를 훨씬 넘긴 나에게도 추억어린 젊은 시절은 있었다. 반백 년이 벌써 되었다. 대학 졸업 후 고향인 홍성의 모교에 첫 발령을 받고 초년 교사로 고향의 집에 살고 있던 총각 때, 학창 시절 석초문학회에서 같이 활동하던 김명수, 안홍렬, 전민 문인지망 3총사와 선배인 윤석산, 나태주, 이장희, 이관묵, 구재기 시인과 함께 동인회를 창립하자는 의견이 논의 되었다 몇몇은 수시로 공주, 서천, 당진, 홍성 등을 오가며 문학에 대한 열망으로 간밤을 같이 지새우기도 하였다. 맏형격인 나태주 시인이 1971년 서울신문 신춘문예에 당선되면서부터 가속도가 붙어 같은 해 겨울에 공주에서 새여울시문학동인회를 창립하였다.

　그 당시만 해도 활발하게 활동하는 문학동인회가 별로 없어 문학인들의 관심이 절대적으로 쏠렸다. 새여울 창간호 출판기념회를 공주문화원에서 하였고 이학이라는 제법 큰 식당에서 축하연을 갖게 되었는데 한성기, 박용래, 림헌도, 원종린, 최상규, 한상각, 조재훈 문인 등 대전·충청의 문학인들은 물론이고 서울에서도 조연현, 김윤성, 문덕수, 박재삼 등 책 속에서만 알던 유명 문인들이 참석하여 칭찬과 격려를 해주었다. 당시 최고의 문학지인 현대문학 주간이신 조연현 평론가는 애송이 청년 문학도에 불과한 나의 골상을 점 봐주신다고 자청하여 그럴듯하게 풀이해 주시어 좌중을 웃음바다로 만들어 놓고 박수도 받게 되었다.

　박목월 시인과의 인연은 2년 후다. 나태주 시인의 결혼식에서 처음 뵈웠다. 큰 키에 날씬한 몸매, 스포츠 머리에 인자한 눈빛, 한마디로 멋장이었다. 그 보다도 어려서부터 목월의 시를 찾아 읽으며 마음속으로 존경하던 청록파 시인 중 한 분이었다. 1973년 10월 21일 장항 미라미 예식장에서 나태주 시인 결혼식 주례를 보기 위해 오셨을 때 내가 사회를 보게 되어 가까이에서 많은 대화를 나누게 되었다 결혼식장에서도 많은 문인들을 만났다. 박재삼, 박용래, 최원규 시인 등과 새여울동인들이 주류를 이루었다. 결혼예식이 끝나고 승용차와 찝차 등 수배된 9대에 알맞게 나누어 타고 나태주 시인의 시골 고향 집 마동리로 향했다. 집에서 잔치를 벌였다. 사랑방 격인 큰 방에는 주로 문인들이 자리를 같이하여 푸짐하게 차려놓은 잔치 음식과 동동주를 나누며 흥도 고조되었다. 불과 열아홉 살 위인 형 같은 나태주 시인 아버지도 아들 결혼이 생애 최고로 기분이 좋으시다며 참석해주신 여러 문인들에게 고마워 어쩔줄 몰라하셨다.

박목월 주례선생님 옆에 앉아 음식 시중을 들던 사회자인 나에게 음식과 술도 잘 안하시던 목월 시인이 잠깐 산책을 같이하자고 청해오셨다. 단둘이 시끌법석한 방에서 나와 나시인의 고향집 담장을 끼고 시나대나무숲이 우거진 조그마한 언덕을 천천히 걸었다. 대숲은 조용히 파도치고 있었다. 잔잔한 바람과 마음속 깊은 대화라도 나누는 듯 소곤대고 있었다. 나 시인 고향 집 울타리는 키가 작은 시나대나무가 대신 보초 서주고 있었다. 목월 시인은 나태주 신춘문예 당선 시인의 심사위원장이었다.

바람은 구름을 몰고 / 구름은 생각을 몰고 / 다시 생각은 대숲을 몰고 / 대숲 아래 내 마음은 낙엽을 몬다.
― 나태주 「대숲 아래서」 1연 전문

대숲 아래서 시의 모티브가 바로 이 대숲에서 나왔다고 혼잣말로 속삭이시며 나에게 이것저것 여러 가지를 물어오셨다. 대나무에 대한 것은 물론이고 사철나무의 빨간 열매며 온갖 풀꽃들의 생태까지 자세히 관찰하시며 여러 질문을 해오셨지만 나는 명쾌한 답변을 드리지 못했다. 시골에서 태어나 자랐지만 살아있는 모든 생물체에 대하여 크게 관심을 두고 자라오지 않아 모르는 것이 너무나 많았다. 한편 자신이 부끄러웠다. 좋은 시는 모든 사물에 대한 깊은 관심과 애정에서 나오고 좋은 시인은 목월 시인과 같이 관심과 관찰에서 이루어지는 것이 아닐까 하는 생각도 하게 되었다. 박목월 시인의 처가가 공주라는 것과 사모님과의 첫 만남에서 결혼까지의 러브스토리를 알게 된 것도 이때부터다. 그래서 그런지 경상도 태생 시인이 충청도에 대한 애정도 시어 곳곳에 드러내고 있음을 발견하여 흥미로웠다.

나무

박목월

　유성에서 조치원으로 가는 어느 들판에 우두커니 서 있는, 한 그루 늙은 나무를 만났다.
　수도승일까, 묵중하게 서 있었다.
　다음날 조치원에서 공주로 가는 어느 가난한 마을 어구에 그들은 떼를져 몰려 있었다.

멍청하게 몰려 있는 그들은 어설픈 과객일까. 몹시 추워 보였다.

공주에서 온양으로 우회하는 뒷길 어느 산마루에 그들은 멀리 서 있었다.

하늘 문을 지키는 파수병일까. 외로와 보였다.

온양에서 서울로 돌아오자 놀랍게도 그들은 이미 내 안에 뿌리를 펴고 있었다.

묵중한 그들의, 침울한 그들의, 아아 고독한 모습. 그 후로 나는 뽑아낼 수 없는 몇 그루의 나무를 기르게 되었다.

문단의 큰 별 문덕수 선생님
별나라로 아주 이사 가셨네요

왼쪽발 15mm 짧아도 절뚝절뚝 걷지 말자
이마 귀 눈 목 망가져도 더욱 부끄럽다
이 아픔 나눈 님들 저 골에 누워 신음하네
　　　　　　– 시집 「아라의 목걸이」 중에서 / 이 아픔 시

선생님은 6·25 참전 용사이십니다. 시조 '이 아픔'을 통해 당시 심정을 "그 때 전사한 동료 장병들과 함께 죽지 못하고 살아남은 것에 대한 미안함이 가슴에 무겁게 남아 있습니다."라고 하시었습니다.

전시에 혹여 전사하셨다면 인연을 맺은 후학들과 문인들, 가족들은 어떻게 되었고 지금까지 쌓아놓으신 업적은 역사에 남지도 못하였겠지요.

현세로 이어진 삶을 복되게 마무리하시고 별빛이 반짝이는 하늘나라로 영원한 삶을 떠나시기 위하여 동료 장병들 곁으로 오신 의리의 참전용사.

선생님이 떠나신 문단에는 전국의 많은 지인들과 같은 방향으로 걸어온 후배 문인들이 선생님이 하늘나라로 이사 가신 후 더 큰 별로 부활하는 모습을 지켜보며 한 마음으로 기도하며 명복을 빌어 드리고 있습니다.

선생님은 생시에 많은 일 하시면서 문학적 업적을 많이 남겨 놓으셨습니다. 시 창작과 문학평론가로 명성을 떨치시며 문학교수와 시문학지 발행, 문예단체의 수장으로 온갖 활약을 다하시었습니다. 시문학에 대한 열정으로 끊임없이 자신을 연마하는 모습은 후학들의 교과서이시었습니다.

선생님을 처음 뵙고 존경의 대상으로 머릿속에 두고 시를 쓰기 시작한지도 어언 50년이 넘었네요. 1971년 어느 날 인 것 같습니다. 제가 20대 초반 문학도일 때 시문학 출신인 전 제주대 윤석산 시인, 서울신문 신춘문예로 등단한 나태주 시인과 같이 새여울이라는 문학동인지를 창간했을 때 조연현, 박재삼 선생님과 문덕수 선생님이 공주까지 오시어 격려해주신지가 어언 반백년이 지났습니다. 그때의 인연으로 그 후 한 10여년 시공부 더

하고 시문학 식구에 편입하여 문학행사가 있을 때마다 선생님과 함께 김규화 선생님을 뵈울 수가 있어서 행복했습니다. 변산반도, 대청호수, 계룡산, 통영 행사 등에서 반갑게 뵈울 수 있었는데 언제부터인가 뵈울 수가 없어 쓸쓸했습니다. 손을 잡고 반갑게 웃으시며 격려해주시던 인자한 모습이 아직도 눈에 생생하게 아른거리는데 코레아 전쟁 속에 몰아친 가슴 아픈 소식이 마음 속 깊이 골을 파고 있으니 이제 선생님에 대한 그리움 뿐이네요.

어려운 시대에 한국현대시인협회를 다져오심은 물론 국제펜클럽 한국본부 회장, 한국문화예술진흥원장, 예술원 회원 등 책임 높은 자리를 역임하시며 우리 문화 발전을 위해 헌신하시었습니다. 이승에서 한국 문단을 걱정하시며 한국문학 발전에 심혈을 기울이시고 당신의 일인 것처럼 문인들을 챙겨 도와주시다가 인간 세상에서 살아가기가 너무 힘들고 병마와 대적해 싸우다가 너무 지쳐서 편안한 곳에 이사 가시기로 결정하셨으니 이젠 아무 고통 없는 안온한 영혼 속 생전에 못다 핀 꿈은 하늘나라에 가서 마음껏 펼치시며 편안히 영면하시기 바랍니다.

선생님의 가족은 물론 후학의 제자, 많은 문인들은 선생님을 사랑했습니다. 남겨주신 업적은 위대하였습니다. 영원히 존경합니다.

– 대전현충원 안장식에서 조사(2020 3. 16)

내가 너무 성급히 달리었나?

　총각 때, 그 후 결혼하여 신혼의 둥지를 틀어놓고 맏딸 낳아 재롱부리는 것 바라보며 즐거운 하루하루 엮어갈 때, 나는 지금 한창 행정복합도시 논란이 벌어지고 있는 공주와 연기 지역에서 좋은 향기 있는 꽃의 봉오리를 피우기 위해 미동하고 있었다. 예로부터 山紫水明의 명승지로 택리지에 점 찍어둔, 교육의 메카, 공주와 한반도의 한 중앙에 자리 잡고 있어 상, 하, 좌, 우로 교통의 요새인 사통팔달 조치원 인근지역 모두가 복 받은 땅으로 엔제인가 나라에 크게 은혜를 베풀것이라 기대하며 살아왔다. 그리움과 신혼의 추억이 눈에 삼삼 어리는 마음의 고향, 이 정겨운 곳을 짬내어 찾아봐도 반기던 산언덕, 나지막한 스레트

지붕, 그 안에서 정겨운 사람 만나 풋고추에 고추장 찍어 마시던 막걸리집, 농사일 밖에 모르던 순박한 촌로들, 논밭을 바라보며 거닐던 시골길을 만날 수도, 어림짐작으로 황토 바다 위의 부표를 찾아낼 수도 없다.

건설현장 기기의 굉음 속에 마구 파헤쳐 놓은 터밭과 다랭이 논, 둑길의 뼈대만 남고 자연과 인간이 어우러져 조화를 이루던 그림같은 풍경은 어디로 산화되 날아갔나? 정든 집, 볼때기 살 같은 땅, 아침 저녁으로 찾아보던 조상묘까지 다 내어주고 코흘리개 초등학교 때 친구들하며 같이 웃고 울던 이웃사촌과도 봄바람에 민들레 씨 날려 흩어지듯 인근 도시나 깊은 산골로 들어가 튼튼하게 뿌리 내리며 살고 있는지.

정든 고향, 보고픈 이웃과 헤어져야했던 까닭은 단지 하나였다. 우리가 살고 있는 땅이 행정의 중심지가 되어야 미래의 국익이 된다는 당위성을 철석같이 믿었기 때문에, 대를 이어 살아오던 원주민들은 셈도 밝지 못하고 이해타산에 흔들리지도 못한다. 깊이, 오래 생각하지도 못한다. 정부나 매스콤에서 매일같이 수도권의 균형개발과 인구 과밀해소를 막기 위해 우리가 살아온 이 땅에다 서울의 기능을 나누어 주어야 한다기에 흔쾌히 받으려 한 것이었다. 국가의 큰 이익이라는데 앞으로 백년대계를 내다본 결단이라는 말을 어떻게 마다할 수가 있겠는가? 곧이곧대로 들어주는 것이 본심인데 행정중심복합도시 예정지에서

짐보따리 지고 나온 순박한 원주민들은 오늘도 밤잠을 이루지 못하고 있다. 눈 뜨면 봇물처럼 터져 나오는 힘 있는, 높으신 분들의 그림 같은 말씀에 허공만 바라보며 분노하고 있다.

정든 고향땅을 버리고 쫓겨나듯 나와야 했던 이유가 고작 농촌의 조그마한 중소도시, 겉포장 잘 해놓은 자족도시나 만들자는데 있었던가, 포항이나 구미시처럼 산업도시를 만들자는데 두 손을 들어준 것 이었던가? 정치권의 실수로 태어난 유혹성 사생아가 되어 주민들로부터 축복받지 못하는 반쪽 도시로, 농촌의 혼과 인심을 몰래 빼 내려할지도 모른다고, 사기를 당한 꼴이 되었다고 울분을 되새기며 살아가고 있다. 이제 구차한 변명 접어두고 솔직하게 터놓고 얘기나 한 번 맘껏 나누어 보면 속 좀 풀릴 수 있을까? 혹간은 서울의 부자님들 부동산 값이 떨어질까 겁이 나서, 고급공무원들 시골생활 익숙지 못한 것 이해할 수 있어서, 밀려오는 수도권 일부의 저항이 무서워서, 표가 많이 나와야 하는 곳에서 가을 낙엽처럼 떨어질까 봐서라고도 한다.

명품행정복합도시를 만들겠다고는 말하지만 명품에서 행정을 쏙 빼버리면 끈이 떨어진 가방처럼 값이 뚝 떨어진 짝퉁 복합도시로 전락해 버리지나 않을지 의심스럽다.

얼마 전 꿈에 그려 놓은 행정복합도시 새 도로 건설 현장에서 속도위반을 했다는 통지서가 하나 날아왔다. 60Km를 70Km로 과속 질주 했다며, 내가 성급히 너무 달리었나?

문화의 요람, 대전·충청권 건설

역사에 남은 많은 임금 중에서도 세종대왕은 후세 사람들에게 영원히 존경을 받고 있는 이유가 뭔가. 이는 임금으로서 다른 어느 분야보다도 문화사업에 많은 업적을 남겨 후손들에게 유산으로 물려주었기 때문일 것이다. 당장 눈에 보이는 가시적인 업적보다는 정신적인 풍요를 가슴속에 심어주었기 때문이라고 본다 오늘날의 지도자들도 이러한 정신을 이어받아 경영 실천해야 존경을 받을 수 있을 것이다.

외국이나 우리나라의 다른 지역으로 문화 탐사를 다녀올 때가 가끔 있다 그때마다 나는 우리 대전. 충청지역이 이런 면에 지금까지 너무 등한시 해온 것이 아닌가 하는 아쉬움을 가질 때가 많았다. 국토의 중심지에 자리 잡고 있으면서 인적, 물적 자원이 적은 것도 아니라 보는데 타 시도에 비해 내세울 만한 문화탐사 거리가 별로 없는 것이 부끄럽고 문화를 누구보다도 사랑하는 한 사람으로서 안타까웠다.

충청권이 막 달아오르고 있다. 충청권의 배후도시 대전도 달라지고 있다. 앞으로는 대전과 인근 연기 공주에 건설하게 될 행정중심복합도시가 급행버스와 경량전철, 도시 고속도로 건설로 사통팔달 연결될 것이라고 한다. 행정중심 복합도시건설과 관련해 대전이 배후도시로서의 기능을 강화하기 위해 도시철도 1호선을 유성구 외삼동에서 연기군 남면까지 연장하고 조치원-청주공항까지 연결하는 방안을 검토하고 있다고도 한다.

우리지역을 백제권의 문화중심도시로 새롭게 가꾸어야한다. 행정중심복합도시와 배후도시 건설에서 변화와 창조의 핵심은 문화다. 여기서 문화는 교양으로서의 순수, 고급문화일 수도 있지만 온 주민들이 만끽해야 할 온전한 삶으로서의 문화다. 파리의 에펠탑, 시드니의 오페라하우스 등과 같이, 강원의 토지문학관이나 김유정 문학관과 같이, 대전·충청의 문화적인 체험을 하고 이미지를 심어줄 수 있는 문화매개체가 갖추어져야 한다고 본다.

　문학관, 미술관, 도서관, 순수 음악 단지뿐만 아니라 국악, 대중공연장 등 장르별 문화공간을 새로 만들고, 노인, 여성, 청소년 등 여러 계층별, 대상별로 특성화된 문화활동이 활성화 돼 모든 주민이 조금만 움직이면 문화와 레저를 향유할 수 있는 문화센터와 공연장이 들어서야한다. 21세기 대전·충청의 문화는 단순히 즐기고 보는 대상에서 발전하여 문화에 흠뻑 빠져도 보며 다양한 문화콘텐츠 산업으로 연결되어야 하고 보편성에 특수성을 보완한 문화복지를 바탕으로 해야 한다.

　대전·충청의 이미지와 브랜드를 격상시킬 수 있는 문화센타가 곳곳에 들어서고 주민들이 여가시간을 이용하여 나무숲이나 노천카페 등에 모여 애송시를 낭송하고 그림을 그리며 가족이나 직장인이 함께 노래를 부르며 즐길 수 있는 장소인 환경, 생명과 함께 어우러지는 문화쉼터가 새롭게 건설되어야 한다. 무차별적으로 들어서는 빌딩 숲과 많은 아파트단지의 작은 공간들을 주민들의 예술적 감수성과 창의성을 함양시킬 수 있는 문화쉼터로 만들고 주민자치센터(동사무소)등도 각종 예·체능 교실을 마련해 지역문화의 '실핏줄'로 자리매김 하도록 하여야 한다. 이 길만이 문화도시로 가는 첫길이며, 무한경쟁 시대에서 요구되는 국가나 지방자치 경영의 핵이라 본다.

북한 체험기(2001.8.25-27)

빛과 색깔 웃음을 잃은 장전항과 온정리 마을

2001년 8월 25일부터 27일까지 북한 체험단에 참가하여 속초항에서 출국 수속을 밟은 후 25일 오후 1시에 북한 땅으로 출항하는 설봉호에 승선하였다. 가까운 조국의 산하이지만 공해로 삥 돌아서 4시간여의 항해를 마치고 오후 5시 설레이는 마음으로 맞아본 북녘땅인 강원도 고성군 장전항에 도착하였다. 배 안에서 내려다본 북한의 산야는 그 느낌이며 자태가 우리 남한의 동네 산야나 겉으로 보기에는 다름이 없었다. 우리는 한 민족 같은 강산에 살고있는 것을! 장전항은 군사 지역이라 산 중턱 이곳 저곳에는 어렴풋이 군진지가 보이고 야산은 나무를 몽땅 베어 민둥산이 되어 있었다. 군사 지역이라 하지만 쓸쓸한 어느 어촌마을 같이 항구에 페인트도 칠하지 않은 건물들이 몇 동만이 보이며 집도 건물들도 거의 없어 보였다.

하선하기 전 반복되는 주의 사항이 배와 항구에서는 물론 차량으로 이동 중에는 사진 촬영이 금지되고 지정된 곳에서만 가능하다 하며 북한 안내원과의 대화시 주의 사항, 핸드폰 소지의 금지 및 자연보호의 이행 철저, 김일성, 김정일 등의 호칭 및 기념비 등에서의 주의 사항 등은 체험단의 마음을 어딘가 조금은 불안하고 우울하게 만들었다. 온정각으로 이동하여 첫 번 째 저녁식사를 하기 위하여 배에서 하선, 같은 나라, 동족이면서도 어느 다른 나라에 입국할 때보다도 더 심하다고 볼 수 있는 입국 절차를 밟게 되었다. 처음으로 만나는 북한 동포들은 모두가 하나같이 바싹 마르고 핏기 잃은 얼굴이었다. 따스한 정이라고는 조금도 없을 것 같은 느낌이 들었다. 소중한 시간을 3일 동안 하선 → 입국 절차. 체험, 출국 철차 → 승선하느라 소비하였다. 까다로운 입국 수속을 다 마치고 현대자동차의 33인승 관광버스에 올라 온정리로 향하였다. 금강산 관광은 2개 코스로(만물상구역과, 구룡폭포 구역 중 택 1, 해금강) 우리에게 개방하고 북한의 주민들은 이 세 곳을 접근할 수가 없다고 한다. 남한의 금강산 관광을 위하여 관광 전용 도로를 다시 만들고 이 도로 양쪽에는 아주 촘촘한 철조망이 차량의 관광도로 처음부터 끝까지 설치되어 있으며 마네킹과도 같은 인민군이 거의 200m 정도의 간격으로 보초를 서있어 북한의 일반 주민들과 관광객과의 대화와 접촉을 근본적으로 막고 있는 것 같았다.

　보초를 서있는 인민군은 무표정한 얼굴로 거의 부동자세를 취하고 있으며 17~18세 정도의 어린 나이로 보인다. 후에 조장에 물어 보았더니(여기서 안내원을 조장이라 한다) 북한의 모든 남자는 고등중학교를 졸업하는 만 15세가 되면 군 입대를 위한 2차례의 신체검사를 받으며, 졸업하는 해에 입대하게 된다고 한다.

　장전항에서 온정리로 이어지는 도로 바로 옆에는 녹슨 기찻길이 놓여있고 강원도 산골 마을이라 미루어 생각을 해 보아도 옷 입은 것이나 신발 등 겉모습이 너무 초라하여 가난과 굶주림에 지친 불쌍한 모습으로 보였으며 가까이 있다면 무엇인가 도움을 주고 싶을 마음이 드는 정도였다. 여기저기 들녘에는 거의가 옥수수 밭이었으며 논은 간간이 있었고 북한 주민들이 붉은 깃발을 꽂아놓고 집단으로 모여 일하고 있는 광경도 보였다. 경지 정리가 안 되어 팽개쳐진 땅이 많이 있었으며 비닐하우스 같은 것은 하나도 보이지 않았고 모든 농사짓는 장비나 시설 도구 등이 재래식 그대로이었다. 농사짓는 모습을 멀리서 보아도 열심히 일을 하지 않고 있으며 매우 비능률적으로 보였다. 맨손으로 작업을 하는 북한 동포가 안쓰러워 손을 흔들어 주기가 민망할 정도였다. 북한 주민들이나 군인들 모두 키나 체격이 우리보다 훨씬 작고 하나같이 마르고 야위어 보였으며 뚱뚱하거나 나와 같이 똥배가 나온 사람은 전혀 찾아 볼 수 없었다. 동산과 논밭을 가로지르는 전깃줄과 전봇대는 자연적 생나무에 그대로 설치하였거나 나무를 베어 구부러지거나 가지가 있는 채로 다듬어서 설치하였고 여기저기 작은 마을의 집들과 인민학교, 체신군소 등이 있는데 1960년대 초의 가난과 슬픔으로 얼룩진 생활상이 그대로 남아 있는 듯했다. 그러나 집단농장의 붉은 깃발 또는 마을의 어귀에는 붉은 글씨로 곳곳에 "자력갱생, 강성대국, 선군정치, 자폭정신, 위대한 주체사상으로 튼튼히 무장하자, 모두 풀베기 전투에로" 등의 구호가 난무하였다.

　북한 땅 체험을 하고 나서 많은 생각을 하게 되었다. 아름다운 금강산의 경치보다는 어둠 속의 빛, 미래의 빛이 없고, 붉은색과 흰색 밖에는 다른 어느 색깔도 없는 곳, 만나는 북한의 동포 어느 하나도 웃음을 주지 않는 땅, 그러나 우리는 한 핏줄, 언제 인가엔 하나가 되어야한다. 8월 27일 오후 2시 우리 일행을 실은 설봉호는 북한의 장전항을 뒤로 두고 멀어져 가며 마음이 가볍지만은 않았다.

온정리 마을에 와서

전 민

그대 맞은 후
마음 아파 못 참으면
가슴 쓰려 뜯고 싶거든

현실 훨씬 지난 내일
백지 위에 보물로만

글 속의 깊은 은유로
소중히 감춰 놓으마.

그대 떠나 보낸 후
할 말 다해선 안되지
모습이 아름답다고만
마음 열면 되는 것이고

하고 싶은 말 있어도
가슴에 깊이 묻어 놓고
좋은 추억만 보물처럼 꺼내마.

국민 속으로 성큼 들어오는 법원
- 대전지방법원 맞춤형 초청 방문을 마치고

 지금까지 우리와 같은 평범한 국민 다수의 생각으로 법원은 서민의 일상적인 삶의 영역과는 동떨어진 외딴 섬과 같은 현장으로 그 동떨어진 영내에서 근무하는 법조인들은 아량과 융통성 보다는 권위와 위엄이 상징인 검정색 법복에 항상 육법전서를 옆에 끼고 다니며 범속한 사람들과는 어울려 대화 나누기가 껄끄러운 상대로 여겨왔는지도 모른다. 더구나 수시로 법망의 테두리를 요리저리 피해가며 비정상적으로 살아가는 범법자들은 어딘가 멀리하고 싶은 곳이 법원이고 법관은 저승사자처럼 무서워 선뜻 가까이 하고 싶지 않은 이웃으로 생각하고 있었을지도 모른다.

온갖 편견 속에서 외롭게 고군분투하던 법조계가 법원부터 천지개벽하며 국민 속으로 들어오기 시작한 것이다. 문턱이 너무 높다고만 생각해오던 법원의 변화된 모습은 국민과의 소통을 통한 열린 법원을 구현하고 보다 질 높은 사법서비스를 제공하여 사법행정사무에 대한 국민의 편익과 신뢰 제고에 이바지할 목적으로 사법운영의 투명성 및 사법부에 대한 이해와 신뢰를 높이기 위하여 법원이 국민 속으로 먼저 들어 가야한다는 변화에 대한 강한 의지의 바람이 불기 시작했다.

지난 2014년 9월 16일 대전지방법원 조인호 법원장님 초청으로 대전문인총연합회 소속의 문인 대표들이 대전지방법원을 맞춤형 초청 방문하게 되었다. 대전문단의 원로 문인 송백헌, 송하섭 문학평론가, 최송석, 이도현, 김용재 시인을 비롯하여, 김영훈 대전문인총연합회 회장과 육상구 수필가, 한문석, 김명아, 박순길, 김길순, 송영숙, 채정순, 전 민 시인 등 각 장르의 문학회 대표들이 대전지방법원 맞춤형 초청방문을 하였다.

대전지방법원 맞춤형 초청방문은 생소하던 법원의 이모저모 현황, 하고 있는 일 등에 대하여 이해하게 되었고 윤혜정 판사가 주재하는 민사 단독 법정을 방청하며 간접적으로나마 재판을 체험해 볼 수 있어서 색다른 감명을 받았다. 생전 처음으로 그 무겁고 위협적으로만 투박하게 보이던 법복을 각자 입어보는 1일 법관 체험과 법원장을 비롯한 판사님들 몇 분 그리고 법원에서 실제 행정을 맡고 있는 간부 공무원들과의 간담회 등을 통해 법원의 일반적인 현황과 재판 절차 등에 대하여 자세히 알게 되었고 그간 가까이 하지 못한 법원을 좀 더 이해하는 계기가 되었다.

평소에 가깝게 사귀던 문인들처럼이나 친숙해 보이는 조인호 법원장님은 국민으로부터 신뢰받는 법원이 될 수 있도록 법원에 더욱 큰 관심을 가져달라며 어느 누구든 법원을 가까이하며 아끼고 사랑해 주십사 하는 마음으로 마련한 오찬은 법원 내 구내식당에서 법원장을 비롯한 재판 참여 윤혜정 판사님을 비롯한 몇 분의 간부급 직원들과 담소를 나누며 즐겁고 보람 있는 가교의 시간을 갖게 되었다.

초청받은 문인들은 항상 관심 속에서 살던 사회적 약자와 소수자를 배려하기 위해 법원이 국민들에게 친숙하게 다가가겠다는 의지로 사법지원 제도와 대전지방법원이 국민 속으로 파고들며 변화해가는 모습을 현장에서 오늘 의미 있게 지켜보았다.

살아오면서 잘 모르던 일들, 대중의 생활에 보탬이 되며 범인들의 생활을 윤택하게 하는 법을 널리 알리고 실천해 가는 법원을 일상적인 삶속에서는 문턱이 높고 접근하기 어려운 영역이라고 생각해 오던 편견이 오늘 맞춤형 초청방문을 마치며 보다 국민 속으로 친숙하게 파고들어오는 법원의 변화하는 모습을 실감할 수 있는 유익한 기회였다.

국민과 소통하는 열린 법원, 대전지방법원 맞춤형 초청방문을 통한 1일 법관 체험 과정을 전부 기록 사진으로 미리미리 촬영하여 법복을 입은 사진을 아담한 액자에 넣은 선물을 받고 집에 돌아와서 책상 위에 소중하게 진열해 놓았더니 초등학교 5학년인 외손녀가 그 사진을 자세히 들여다보며 할아버지가 정말로 사진처럼 판사가 되 보았느냐고 신기한 듯 물었다.

  외손녀인 새봄이는 커서 멋있는 법복을 입은 훌륭한 여자 판사가 되고 싶다고 말하였다.

3부

최선을 다하는 모습은 아름답다

접어야 한다, 교육자치법 개정을

시장, 도지사 등과 함께 교육감, 교육의원을 동시에 선출하는 지방선거일이 6월 2일로 다가오고 있다. 이제 불과 5개월 남은 시점에서 국회, 교과위에서는 환영받지 못할 법안 하나를 또 잉태해 놓았다. 지난해 12월 30일 법안 심사소위는 지방교육자치법 개정안을 졸속으로 손질해 교육과학위원회 전체회의로 넘겼다. 곧 통과 시킬 것으로 보아 한국교육의 미래가 심히 걱정 된다.

개정안의 주요 내용은 교육감·교육위원 입후보 요건 중 교육경력을 완화 하고 교육감 후보자 당적 보유 금지 기간을 2년에서 6개월로 단축하며 교육의원 선거에서 정당 추천제에 의한 정당 비례대표제로 선출한다는 것이다. 개정안은 헌법에 보장된 교육의 자주성·전문성·정치적 중립성에 위반될 뿐만 아니라 교육을 정치에 예속시켜 정치 논리로 풀어가겠다는 의도로 교육 자치를 뿌리 째 흔드는 위험천만한 법안이라는 것이 교육계의 중론이다. 개정안이 입법화 된다면 교육현장을 전혀 이해하지 못하는 교육의 문외한도 교육감과 교육의원이 될 수 있을 뿐만 아니라 오히려 교육전문가보다는 정치적 인맥이 쉽게 닿아 줄을 잘서는 사람이 유리해 질 수도 있을 것이다. 교육자치 선거에 정치권이 개입하게 되어 진정한 참교육의 방향과는 거리가 먼 정치판으로 마음껏 바꿔 놓을 가능성이 농후하며, 전체 시민이 참여하여 교육감·교육의원을 선출함으로써 진정한 교육자치를 실현하겠다는 본래의 취지와 목적과는 다르게 정치색으로 점점 오염 되어 갈 것이 분명하다. 2006년 12월 개정된 교육자치법에 의한 교육의원의 주민 직선을 시행해보지도 않고 비례대표제를 도입하는 것은 너무나 성급한 처사이며 교육감과 교육의원 선거 입후보자의 교육 경력과 정당경력 제한기간을 폐지하거나 완화하는 것은 교육의 전문성과 정치적 중립성을 포기하는 시도라 볼 수 있다. 교육감이나 교육위원의 교육경력을 완화하려는 이유 중 하나는 국회의 교과위 의원은 교육경력의 자격요건이 하나도 없는데 지방자치의 시·도 교육의원 후보가 되려는 데에 요건을 강화할 필요성을 느끼지 않으며, 교육전문성이 곧 교육행정과 교육경력에서만 나오는 것이 아니라고 보는 것이다. 지방의원이나 시·도지사를 지망했다가 공천에 탈락한 인사를 교육의원이나 교육감으로 당선시켜 정치 그물 안에 교육을 잡아두려는 의도가 분명히 숨어 있다고 본다. 현재 진행 중인 교육감 및 교육의원 입후보자 교육경력 완화, 교육감 후보자 당적 보유 기간 단축 시도는 이미 지난 2008년 헌재에서 타당하지 않다는 입장을 분명히 밝힌 바가 있다. 헌재는 헌법에 명시된 교육의 정치적 중립성 보장을 위하여 교육경력자가 교육감 및 교육의원으로 입후보하는 것과 과거의 당적 보유기간을 2년으로 하여 순수한 교육행정 경험을 중시하려는 것은 합헌이라는 결론을 이미 내린 바 있다. 개정안이 통과되어 시행될 경우, 6개월 전에는 정당에 몸담고 있던 정치인 상당수가 교육감과 교육의원 후보로 나올 것으로 본다. 정치판에 몸담고 살아온 선거꾼들이 지방교육자치단체장 선거로 방향을 바꿔서 출마하여 대거 당선 될 수 있을 것이다. 교육의원이 출신 지역의 정당 추천에 따라 대전·충청은 선진당, 호남은 민주당, 영남은 한나라당 성향의 교육의원으로 채워지는 경우도 배제할 수가 없다. 국가의 미래와 백년대계의 교육 발전을 위하여, 교육자치를 훼손하는 지방교육자치법 개정은 여기서 접어두어야한다.

행복해지고 싶은 행복 도시

교사 초년병인 20대 초반 총각 때, 그리고 그 후 결혼하여 신혼의 둥지를 틀어놓고 맏딸 낳아 재롱부리는 것 바라보며 즐거운 하루하루를 엮어갈 때, 나는 지금 한창 와야 된다. 올 수 없다 조석 가리지 않으며 논쟁을 벌이고 있는 행정복합도시 예정지였던 대전 인근의 공주와 연기 지역에서 미래의 향기 짙게 품은 희망의 꽃봉오리를 피우며 열매를 튼실히 맺게 하기 위해 온갖 시간과 정열을 2세 교육을 위해 다 바쳐왔다.

교육의 메카인 공주와 교통의 요새인 사통팔달 조치원, 한반도의 한 중앙에 자리 잡고 있는 연기지역 모두가 천혜의 복 받은 땅으로, 또 이 지역에서 미래의 찬란한 꿈을 키우며 성실하고 정직하게 자라온 제자들을 비롯한 수많은 농촌 마을의 순박한 인재들이 언제인가 지역사회와 나라를 위해 큰일을 하게 될 것이라 기대하며 그 후 40여 년간 교단을 지키며 오늘까지 후회되는 일 없이 즐거운 마음으로 살아오고 있다. 지금 눈을 가만 감으면 비록 넉넉한 생활은 아니어도 거짓말 할 줄 모르며 남의 재물 탐내지 않고 작은 보람에 만족할 줄 알며 살아오던 눈망울 똘망똘망하던 꼬맹이들에 대한 그리움에 불타는, 초년병 교사 시절의 추억이 눈에 삼삼 어리는 마음의 고향, 이 정겨운 곳을 이제야 겨우 짬 내어 찾아 가보아도 반겨주던 산언덕, 나지막한 슬레이트 지붕, 그 안에서 마음 포근한 사람들을 만나 풋고추에 고추장 찍어 안주하며 마시던 허름한 막걸리 집, 농사일 밖에 모르던 순박한 학부모들, 계절 따라 변화하는 논밭을 바라보며 출퇴근하던 시골길을 만날 수도, 황토 바다 위의 부표를 찾아낼 수도 없다. 건설현장 기기의 굉음 속에 마구 파헤쳐 놓은 텃밭과 다랑이 논, 자연과 인간이 어우러져 조화를 이루던 그림 같은 풍경은 어디로 산화 되어 날아가 버렸는가? 정든 집, 볼때기살 같은 땅, 조석으로 찾아보던 조상 묘까지 다 내어주고 코흘리개 초등학교 때 친구들도, 같이 웃고 울던 이웃사촌과도 봄바람에 민들레 꽃씨 날려 흩어지듯 인근 도시나 깊은 산골 마을로 들어가 튼튼하게 뿌리 내리며 살고 있는지. 정든 고향, 보고픈 동네 친구들과 헤어져야했던 이유는 단지 하나였다. 우리가 살고 있는 이 땅이 행정의 중심지가 되어야 미래의 국익에 도움이 된다는 당위성을 철석같이 믿었기 때문이었다. 국가의 큰 이익이라며 앞으로 백년대계를 내다본 결단이라는 말을 어떻게 마다할 수가 있겠는가? 조상 대대로 대를 이어 살아오던 원주민들은 셈도 그리 밝지 못하고 이해타산에 흔들리지도 못한다. 어떤 문제를 속 깊이, 오래 생각하지도 못한다. 정부나 매스컴에서 매일같이 수도권의 균형개발과 인구 과밀해소를 막기 위해 우리가 살아온 이 땅에다 서울의 행정 기능을 나누어 주어야 한다기에 흔쾌히 수용해 미래의 행복으로 남기려 한 것이었다. 고향을 등지며 짐 보따리 지고 나온 순박한 원주민들은 오늘도 밤잠을 이루지 못하고 있다. 정부는 행정중심복합도시 특별법 등 세종시 관련 법 개정을 추진하고 있다. 법 개정안은 '신행정수도 후속대책을 위한 연기·공주지역 행정중심복합도시 건설을 위한 특별법'이라는 법 명칭을 '연기·공주지역 교육과학중심경제도시 건설을 위한 특별법'으로 바꾸는 내용을 담고 있다. 교육과학중심경제도시라는 이름이 하나 다시 생겼다. 행정 대신에 교육이 들어갔다 교육은 중심어가 될지언정 수식어로 언제나 들러리가 될 수는 없다.

공교육의 정상화를 위하여

3월의 봄햇살이 따사로운 신학기가 다시 시작됐다.

공교육 정상화라는 대명제를 앞에 놓고 교육현장에 파도처럼 밀어붙이는 교원평가제, 학력평가 정보공개, 학교폭력 근절 대책, 대학 입학사정관제, 교장 공모제, 사교육비 경감대책, 교육계 비리 척결 등이 일으키는 꽃샘바람이 어느 방향, 어느 정도로 세파를 휘몰아가다가 어떤 모습으로 안착하게 될지 감이 잡히지 않는다.

교육은 일반 행정과는 본질적으로 풀어가는 해법이 다르다는 것을 전제로 차분하고 깊이 있게 접근해야 한다. 당장 눈앞에 닥친 어려운 난제들을 단순 논리로 쉽게 처방하려 해서는 오류를 범하기가 쉽다.

궁극적으로 바람직한 공교육 경쟁력 강화라는 명분으로 해법이 제시돼야 하며 교육정책은 학생, 학부모, 교직원이 함께 수긍하고 동참할 수 있는 방향으로 개혁이 이루어져야 한다.

요즈음, 곰곰이 생각해보면 이해하기 어려운 일들이 학교현장을 어리둥절하게 하는 경우가 종종 있다. 정부가 학교의 현실과 이론과의 괴리를 간과했기 때문일 것이다. 교육과정을 2009년부터 다시 재개정에 들어가 2011년부터 조용한다고 야단법석을 떨고 있지만 학교현장에서는 달갑게 생각하는 분위기는 아닌 것 같다. 한 건 한 듯이 혼란스럽게 급변하는 교육정책보다는 진정으로 미래를 생각하며 변화해가는 완숙된 교육의 참모습이 그리워진다.

누가 뭐라해도 교사의 능력이 곧 공교육의 원천이다. 학교현장을 돌아보면, 대부분의 교사들은 성실하지 2세 교육에 임하고 있으며 정상적인 교육활동이 활발하게 이뤄지고 있다.

그럼에도 불구하고 많은 학부모들과 교육에 관계된 사람들이 최근 몇 년간 급변하는 교육현상 속에서 돌아가고 있는 일선 교육현장을 바라보며 우리나라 교육의 앞날에 대해 심히 우려하고 있는 것도 감출 수 없는 사실이다.

공교육의 난제는 열악한 교육여건과 교육재정의 투자 빈곤, 학력의 하향식 평준화, 입시위주의 암기식 학습 태도, 성적의 뒷전으로 몰리고 있는 전인교육, 학생들에 대한 교사들의 획일적인 수업지도 방법, 교사들의 권위 상실로 인한 사명감 결여, 교사들의 전문성에 대한 열의 부족, 사교육비로 인한 국민의 엄청난 재정적 부담 등을 들 수 있으며 이를 해결하기 위해 정부, 학교, 사회의 구성원 모두가 함께 노력해야한다.

말도 많고 탈도 많은 교원능력개발평가 제도는 좀 더 구체적 방안이나 방향을 정립해 수요자인 학생 개개인의 만족을 최대한 반영하는 계기를 만들어줘야 한다.

교원능력개발평가의 올바른 방향은 교사의 '수업의 질'을 높여 공교육을 튼튼히 다지는 일이 최선이다. 교사가 철저한 수업준비를 하고 수업에 전념하며 새로운 수업 방법을 연구할 수 있는 시간과 여유를 최우선적으로 마련해줘야 한다.

신학기부터는 공교육을 튼튼하게 다져 놓는 일에 중점을 둬야 한다. 교사를 잡다한 잡무에서 해방시켜 수업에만 전념할 수 있는 교육환경을 만들어 주자.

교육의 수요자인 학생과 학부모들이 공교육에 얼마나 만족을 할 수 있게 할지, 불만족의 원인은 무엇인지를 찾고 학생과 학부모가 만족할 수 있는 방안을 찾아 교육당국과 교사 모두가 최선을 다해 정답을 공급할 수 있는 방안을 찾아가는 신학기의 모습이 보여진다면 참 좋겠다.

교장 공모제 합당한 제도인가

필자도 이제 올해로 교육현장 경력 40년이 된다. 지금까지 교직에 있었던 지난 세월을 교육자적 양심과 얄팍한 자존심 하나로 지탱해온 과거를 부끄럽게 생각했거나 후회한 적은 없다. 그런데 정년을 불과 2년 정도 남겨놓은 지금에 와서 내 마음밭에 쌓아놓은 자존심의 탑이 조금씩 무너지고 있는 것 같은 생각이 들어 안타깝다. 하물며 열악한 교육 현장에서 정상을 향해 힘들게 올라와 교육자로서의 위치를 지키며 일생을 바쳐온 교감, 교장선생님들은 가슴이 더 답답하고 허전 할 것 같다.

요즈음 TV를 켜거나 신문을 펼치기가 겁난다. 특별지역에서 극소수의 유별난 일부 교원들이 저지른 과실이 교육현장의 수많은 교원들이 온갖 비리에 연루된 것처럼 연일 포장하여 풍선을 띄우고 있다. 이는 평생 희생과 봉사정신으로 교단을 지켜온 교원의 사기에 구정물을 뿌리는 행위다. 초라한 모습으로 교단을 지키며 학생들 앞에서 권위를 세우려고 얼굴 두껍게 구걸하지 말고 일선 현장에서 물러나 눈 감고 귀 막으며 살라고 자꾸만 재촉하는 것 같아 하루가 서글퍼진다.

교장 공모제를 내년 3월부터 전국 초·중·고에서 전면 실시하여 학교장의 개방적 리더십을 통해 학교 발전과 교직사회를 활성화시키고 전문경영인에게 교장 자격을 주어 특성화, 혁신, 일반 학교까지 교장 공모제를 점차 확대 하려 한다고 한다.

공모제 전환에 따른 인사 불이익을 받을 교원들이 어느 정도 정리되면 교육감의 인사권을 축소하는 동시에 교육 비리를 근절한다는 명목으로 전면적인 교장공모제, 또는 초빙제 위주로 교장을 뽑으려는 것 같다.

대통령이 직접 주재하는 교육개혁대책회의에서는 교장 공모제 확대, 교육비리 근절 대책, 직선 교육감의 권한을 축소하는 내용에 대한 보고와 논의가 있었다 한다. 공모제는 현장의 여론수렴과 보완을 거쳐 단계적으로 실시해야 한다. 무엇이 그리 급한가? 교육은 4대강 토목공사도 아니고 단기간에 이익이 창출되는 기업목표도 아니다. 성급하게 추진하고 있는 교장 공모제는 학교현장에 많은 부작용을 가져올 수 있으며 각계 각층의 풍부한 여론수렴을 거쳐 실시해도 결코 늦지 않다고 본다.

전번에 문제점으로 제기했던 교육자치법 개정으로 인한 교육감과 교육위원의 교육경력 완화, 교육위원 비례대표제 도입에 이어 교장 공모제는 교육의 정치화를 우려한다는 의문을 제기하지 않을 수가 없다. 교직사회가 인기영합주의적 풍토로 흐를 가능성은 없는지? 교장 공모제를 통해 교육 비리를 뽑아낸다고 하는데 과연 그 비리는 도대체 얼마나 있는 것이며, 그 효과가 얼마나 될지? 교장을 공모해서 뽑기 위해 때가 되면 학연, 지연으로 조직력이 분산 되는 일은 없을지? 혹은 학교운영위원들의 생각과 기호에 일치 하는 사람들이 우선 교장으로 초빙되는 일은 없는지?

교장공모제가 실시되면 교육비리가 근절될 것이라는 기대는 하지 말아야 한다. 오히려 정치판의 비리가 전이될 수도 있고 수업전문성 향상보다는 인기영합적 대외 활동과 공모 준비에 교단이 흔들릴 수도 있다. 현행 승진제도는 학생 지도에 교사들의 열정과 교직의 전문성 향상에 무한한 노력과 희생을 요구하고 있다. 자격도 없이, 있어도 구미에 맞는 사람만으로 골라 뽑아 쓰는 것이 과연 합당한 제도인가? 교육현장을 단단히 다지며 일생을 바쳐온 수많은 교원들이 응시하고 있다.

교육자치 선거 들러리 아니다

교육자치 선거와 함께 동시에 치러지는 6·2 지방자치 선거가 며칠 앞으로 다가왔다.

주민이 원하는 교육자치를 실현하기 위해 시·도의 교육감과 교육의원을 유권자의 손으로 직접 선출하는 최초의 선거다. 주민들은 온통 시장, 도지사, 구청장, 군수, 시·도의원 선거에만 관심을 집중시키고 있다. 그래도 교육감은 조금 덜한 것 같으나 정말로 관심을 가져야 할 교육의원 선거가 관심 밖으로 밀려나 주민 모두가 진정으로 바라는 결과가 나올 수 있을지 걱정이 된다. 주민이 직접 선출하는 교육의원은 교육행정의 가장 주요 사항인 교육·학예에 관한 의안과 청원 등을 심사·의결하는 임무를 수행하며 조례안, 예산, 결산 등도 심의한다. 이렇게 교육의원의 역할이 교육자치의 성패를 좌우할 수 있는 중요한 위치에 있음에도 불구하고 교육의원 선거가 크게 주목받지 못하는 이유는 선거구가 시·도의원이나, 심지어는 군수, 구청장 선거구역보다도 더 넓고, 시·도지사, 시·도의원, 교육감 선거에 눌려 유권자들의 관심 밖으로 점점 밀려나오고 있는 것 같다.

오늘의 발전은 경제에, 미래의 희망은 교육에 달려 있다. 교육이 추구하는 것은 빠르게 변화하는 시대정신을 미래의 자손들을 위해 차근차근 구현해 가는 동시에 희망을 심어주는 일이다.

아이들에게 꿈을 심어줄 후보, 학부모, 교원들의 다양한 요구를 효율적으로 반영하여 교육의 전문성, 지역의 특수성 등을 살려 교육 정책을 수립하고 이를 위한 예산의 편성과 집행을 총괄하는 교육감과 교육의원의 선거는 시·도지사나 지방 의원의 선거 못지않게 매우 중요하다.

오는 6월 2일 실시되는 교육감, 교육의원 선거에서는 시장, 도지사, 시·도의원 선거에서 당선의 중요한 변수로 작용해온 선거 기호 1이나 2와 같은 기호를 숫자로 쓸 수 없다. 그 이유는 교육감이나 교육의원 선거에 나온 후보들이 정당과는 아무런 관계가 없는 데도 기호를 숫자로 쓰게 될 경우 각 정당과 연계한 것으로 인식하여 투표할 수 있기 때문이다. 지난 2002년 실시된 지방선거에서 일부 지역에서 유리한 정당의 기호를 가진 후보가 당선되는 사례가 현실로 나타나기도 했다.

교육이 정치판에 편승할 수 없고 지방자치의 핵심에는 교육자치가 포함돼 있다. 어떤 인물이 교육감이 되고 교육의원이 되느냐에 따라 지방교육자치의 성패가 결정되며 교육개혁의 방향 및 교육 내용 등에 큰 영향을 준다. 교육자치 선거는 반드시 정책선거로 치러져야 하며 그 어떤 선거보다 모범적인 선거문화 풍토를 우리 스스로 보여줘야 한다. 무슨 일이 있어도 기권하지 말고 반드시 투표를 해야 한다. 후보자들의 됨됨이를 꼼꼼히 살펴보고 교육적 가치와 철학을 점검하자. 유권자의 올바른 선택을 통해 한국 교육의 미래를 희망으로 바꿔 놓을 수 있다.

교육이 어긋나면 우리의 자녀들이 미래를 잃게 된다. 교육자치 선거가 지방자치 선거의 들러리가 되지 말아야 한다. 그 지방이 좀 더 발전하여 살기 좋은 곳으로 변모하려면 무엇보다도 먼저 교육부터 변화, 발전 되어야 한다. 교육감, 교육의원 선거를 지방선거와 동시에 했다 해서 교육자치가 지방자치 안에 포함

되는 것은 아니다. 헌법에 보장되어 있는 교육자치가 지방자치에 예속되는 현상이 일어나서도 안 된다.

교육 현장의 한 목소리

지난 2일 실시된 교육자치 선거는 많은 이들의 우려와는 달리 국민들의 관심 속에 성공적으로 실시됐다는 생각이 든다. 지방교육자치의 수장인 교육감이나 교육계의 포스트인 교육의원도 새로 선출됐다. 새로운 마음으로 국민의 뜻을 정확하게 헤아려 정부와 지방교육자치가 한목소리로 '좀 더 학생, 학부모, 교원들의 피부에 와 닿는 교육정책'을 펼쳐줄 것을 간곡히 부탁한다. 솔직히 말해서 지금까지 학교 현장에 무차별적으로 투여되는 일련의 교육정책을 받아들이는 일선현장 교원들의 체감 온도는 매우 차갑게만 감지되고 있다. 최근 정부가 내놓고 있는 교원정책은 교원 간에 불신만 초래하고 있는 경우가 많다. 교육계의 비리는 당연히 철저하게 발본색원해야 한다는 생각은 그 어느 누구도 부정하지 않는다. 도매급으로 모든 교원들을 매일같이 언론에 올려놓고 흔들어대기 때문에 교권은 바닥까지 추락했다. 마치 교육계가 비리의 온상인 양 왜곡되어 비춰지고 비리의 주범인 것처럼 눈총을 받고있는 많은 교원들이 학부모나 학생 앞에서 고개를 들고 다니기가 부끄럽다. 정도를 걸으며 학생 교육에 정열을 쏟아온 교원들까지 힘들어하고 있다. 학교 교육력을 높이기 위한 방안으로 시급히 요구되는 교원 잡무경감, 수업시수 감축, 교원 증원, 교원 사기 진작 등에 대한 정부의 노력은 보이지 않고 교육현장 여론을 무시하는 교장 공모제 확대, 성과금 차등 폭 확대, 수업공개 의무화, 교장 재산 등록, 에듀파인 등 교원들의 사기만 떨어뜨리고 잡무만 늘려놓는 보여주기식, 여론몰이식의 비현실적인 교육정책은 시급히 폐기되거나 대폭 개선돼야 한다는 것이 대다수 교원들의 속깊은 생각이다. 교직원들과 지금까지 호흡을 맞춰가며 열심히 학교운영을 해오던 교장이 의욕을 잃고 의기소침해 있다. 교원은 사기를 먹고 산다고 한다. 어깨가 축 늘어진 상태로 학생들 앞에서 교권이 바로 설 수 없는 것이다. 교장과 교감의 그 영향을 암암리에 교사들이 받는다. 교장 연수를 받고 있는 교감들은 사기가 꺾여 연수분위기가 말이 아니게 침체돼 있다 한다. 학생교육에 열의를 쏟아 부으려하는 교사들이 줄고 있다. 교육력의 크나큰 손실이 아닐 수 없다.

공교육은 학부모들로부터 점점 정부의 교육정책에 믿음을 주지 못하기 때문에 오로지 자기 자식만을 생각하면서 학교 현장에 정부의 공교육에 대한 정책 방향과 미래에 대한 비전은 뿌리를 내리지 못한 채 겉돌고 있다. 그렇지 않아도 여러 가지 이유로 위기에 몰린 공교육을 조금이라도 되살리기 위해서는 모든 교사가 교육자로서의 높은 자긍심과 책무성을 가지고 전심전력으로 매달려야 할 판에 이처럼 비정상적인 세태를 한탄하며 한없는 무력감에 빠져 헤어나지를 못하고 있으니 어쩌자는 것인가.

요즘처럼 밀어붙이기 식으로 학교 현장을 함부로 다룰 경우, 세상 돌아가는 대로 쫓아가지 못하는 다수의 선량한 교원들이 입는 정신적인 피해는 이루 말할 수 없이 크다.

교육현장을 잘 모르는 사람들이 개혁의 칼을 쥐고 마구 휘두르는 데서 오는 현상인지도 모르겠다. 그 피해는 학생 교육에 직접적인 악영향을 미친다.

우리나라 경제 발전에 기여한 이들이 누구인가? 누가 뭐라 해도 교육의 힘이다. 교원을 죄인 다루듯 하면 안된다. 교원도 스스로 존경받을 수 있도록 행동해야 하지만 교원 존경 풍토 조성은 사회와 국가와 국민의 몫이다.

최선을 다하는 모습은 아름답다

―

가을이 깊어 갑니다. 수학능력시험일이 불과 며칠 남지 않았습니다.

지금부터 1년 후엔 2학년 학생 여러분들이 통과해 나아가야 할 관문이 성큼성큼 우리 앞으로 다가오고 있음을 실감 합니다. 가을의 풍성한 결실을 얻기 위하여 지나온 봄과 여름 내내 많은 땀을 흘리면서 어려움을 참아온 농부들의 모습에서 볼 수 있듯이 학생 여러분은 오늘의 어려움을 오로지 투지와 인내로 꿋꿋이 이겨낸 학생만이 최후의 승자가 되어 만족한 결실의 기쁨을 얻을 수 있을 것입니다.

학생 여러분은 하고자 한번 결심한 일에 인내심을 가지고 부단히 노력해야 합니다.

강한 의지는 하루아침에 생기는 것이 아닙니다. 조금씩 조금씩 쌓여가는 것입니다.

한 송이 아름다운 꽃을 피우기 위해 씨앗을 심고 물을 주고 거름을 주듯, 학생 여러분은 최고의 결과를 얻기 위해 온갖 정신적, 육체적 피곤과 어려움을 이겨내며 최선의 노력을 기울여야만 합니다. 땀 흘린 만큼의, 노력한 만큼의 결과는 1, 2년 후부터 눈에 보이게 현실로 나타날 것입니다.

의지력이 부족한 학생은 어려움이 닥치고 힘에 겨우면 하려던 일과 결심을 중도에 포기하면서 '나한테는 그런 능력이 없다'고 스스로 포기하는 경우를 봅니다. 그러나 의지력은 노력함으로써 길러질 수 있는 것입니다. 의지력을 키우려면 모든 일에 긍정적인 태도를 가져야 합니다. 못한다, 할 수 없다 생각하지 말고, 해야만 하는 일이라고 생각하며 최선을 다할 때의 그 모습은 정말로 값진 보석이나 향기로운 꽃보다도 더 아름답고 목표의 성취도 한결 쉬어지리라 봅니다.

성적이 나날이 오르는 친구, 가고 싶은 대학에 무난히 들어간 선배들은 나보다 무엇이 다르기 때문일까 생각해본 적이 있나요? 우리들의 하루 생활은 모두 똑같이 24시간만 주어집니다. 그러나 24시간을 활용하는 방법은 모두 다릅니다. 하루에 2시간 공부를 열심히 하는 학생과 3시간을 열심히 공부하는 학생은 1일에 1시간의 차이가 나지만 한 달이면 30시간, 1년이면 365시간으로 확산됩니다. 이렇게 학교생활을 하는 동안에 그 누적되는 차이는 어마어마한 것입니다. "늦었다라고 생각될 때 시작하라"는 말이 있습니다.

 최선 없이 최고가 되길 바라는 것은 강을 건너지 않고 강 건너 저편의 파라다이스에 가려고 하는 것과 같다고 봅니다. 매일같이 반복되는 지루하기도한 학교생활 속에 여러분은 할 수 있다는 긍정적인 삶의 자세로 끝까지 해낼 것이라 선생님은 여러분을 믿습니다. 지금부터라도 자신의 생활에 충실하고 학업에 부단히 정진하여 알찬 결실을 맺는 학생이 되어야합니다. 우리는 우리 그릇에 알맞은 지식과 체험을 담아야 합니다. 아무것도 담겨 있지 않은 빈 그릇으로는 미래의 굶주림만이 기다리고 있을 뿐입니다.

통일 교육의 문제점과 바람직한 발전 방향

Ⅰ. 새로운 통일교육

가. 통일교육의 목표
1) 자유민주주의 신념과 민족공동체의식을 바탕으로 바람직한 통일관 정립
2) 통일환경과 남북한실상에 관한 객관적 이해와 건전한 안보관 확립
3) 평화공존과 화해협력의 필요성 인식 및 통일실현의지 함양

나. 통일교육의 과제
 1) 통일의지의 고취
 2) 평화공존과 화해협력의 중요성 인식
 3) 객관적 북한관에 바탕을 둔 남북관계 이해
 4) 평화통일의 바탕인 국가안보의 중요성 인식
 5) 민족공동체 속에서의 삶 준비

- 2001년 통일교육지침서

다. 통일교육의 패러다임
 1. 현재의 통일교육이 남북화해협력의 필요성, 북한체제의 실상 이해 등을 중심 내용으로 하여 안보교육 → 통일안보교육 → 통일교육으로 변화하여 남북간 평화공존에 대비
 2. 통일교육자료의 부족, 통일교육기회 제약 등 교육여건의 미비로 변화된 통일교육 방향이 충분히 전파되지 않아 통일교육 실시자의 냉전적 안보 중심교육이 아직도 개선되지 못함에 대해서는 적극 대처

Ⅱ. 청소년의 통일의식

가. 통일의식
1. 개인주의적 성향에 따른 무관심: 통일문제를 자신의 삶과는 무관하게 여겨 관심을 갖지 않는 경향이 있다.
2. 경제주의적 시각의 팽배: 통일비용이 부담으로 작용할 것이라는 생각아래 통일이 안되는 것이 더 좋다고 생각하는 경향도 있다.
3. 배타적 시각: 통일이 되면 사회혼란이 예상되므로 통일을 하지 않는 것이 좋다고 생각하는 경향이 있다.

나. 반통일 의식의 원인
1. 미디어문화 영향의 증대 – 개인주의적 가치관 형성
2. 사회문화의 직접적 영향 증대 – 향락적, 소비적, 비도덕적 사회문화
3. 체계적인 통일교육 부재 및 잘못된 통일교육이 파생한 결과 등

Ⅲ. 바람직한 통일교육의 방향

1. 김대중 대통령은 지금은 『통일교육시대가 아니라 민족교육시대』라고 말해, 각급 학교에서의 남북문제교육이 『통일』이 아니라 『민족동질성 확보』에 초점을 두는 쪽으로 바뀌어야 할 것이라고 언급
   - 지금 시점에서의 통일을 우리 경제력으로 감당할 수가 없으며, 현재의 남북간 적개심, 증오심, 오해와 갈등을 이겨낼 수 없기 때문에 현 단계에서는 남북 평화체제를 구축하고 교류협력을 통한 민족교육을 해야할 시대라고 강조

2. 학교교육과정에서 도덕, 윤리과 중심의 통일교육이 범교과적인 통일교육으로 전환되어야 함
   - 학생들의 북한에 대한 친숙감 유도
   - 국어과 = 북한 문학작품, 북한 언어생활
   - 지리과 = 북한의 지리, 주민생활, 역사유적
   - 체육과 = 북한의 체육경기나 민속놀이 등을 소개

3. 통일교육의 교수학습방식에서도 학생들의 적극적인 참여를 유도할 수 있도록 수준에 맞는 토론식수업과 체험학습,

실천 위주의 방식으로 개선돼야 함
- 이를 위해서는 교육담당자들의 학습자료 접근과 자율성이 보장되고
- 교사들이 능동적으로 교육내용, 교육학습방법을 개발할 수 있도록 해야 함

4. 시청각 교육매체와 멀티미디어 활용: 전쟁과 평화, 북한주민의 생활 등 학생들이 직접 체험하지 못한 내용의 교육에서는 영상물 활용이 교육적 효과
- 다큐멘터리나 영화, 기타 북한에서 제작된 영상물 등을 재편집하여 교육자료로 적절히 사용하여 흥미를 유발

Ⅳ. 통일교육 실천 방안

가. 교사들이 제기하는 방안
1. 다양한 교육프로그램 및 교육자재개발 59.5%
2. 교과서와 수업방향의 효율적 개선 35.3%
3. 통일관련기관, 단체에서의 통일교육지원 32.7%
4. 교육담당자의 재교육 및 인센티브제 도입 24.9%
5. 고교입학내신, 대학수능시험에 반영 20.1%

6. 재량·과외활동시간을 활용 11.9%
7. 교육관련 법제도 정비 11.7%
8. 통일교과목 신설 및 교과시간 확대 10.2%
   - 민주평통 사무처의 설문조사

나. 청소년 통일교육자료 개발
 1. 북한실상의 정확하고 객관적인 정보 제공
 2. 통일교육내용의 다양화 필요성
 3. 통일에 대한 부정적 인식 극복내용 포함
 4. 모든 교사들이 활용할 수 있는 자료집 제작 지원
 5. 다양한 시청각자료의 제공 : 흥미 있고 구체적인 내용
   · 왜 통일을 해야 하는가
   · 분단비용과 통일비용의 차이는 무엇인가
   · 북한의 사회, 청소년, 교육, 문화 등 있는 그대로의 모습
   · 남북한이 어떻게 하면 서로 공존공생 할 수 있는가
   · 분단국가들이 통일을 이루어간 과정과 그 내용
   · 학생들이 느낄 수 있는 통일국가의 구체적인 미래

Ⅴ. 통일교육시범학교 실천사례(유성고등학교)

1. 통일교육을 체계적으로 실시하기 위하여 교육과정 및 현행 각 교과서에서 통일교육 지도요소를 뽑아 남북한 생활문화 탐색활동 과제를 추출, 분석한다.
   (1) 지도요소: 분단의 현실, 통일의 준비, 통일 이후의 대비
   (2) 생활문화 탐색: 기본, 전통, 경제 생활문화, 통일정책 탐색활동

2. 토의 수업 모형, 시청각 매체 활용 수업모형 등 통일교육의 기본 학습 모형을 구안·수업과정안을 작성하고 전 교과의 수업에 적용한다.

3. 남북한 생활문화를 탐색하여 공통점 차이점을 찾아내고 통일학습자료를 개발·제작하여 수업에 활용한다.
   CD 및 디스켓 자료, 통일교육 홈페이지, 포토폴리오 등
   유성고 통일교육 홈페이지
   http://myhome.bbi.co.kr/kddjj20

4. 교사의 건전한 통일관 정립과 자신감 있는 학생지도를 목적으로 통일교육 현직 연수를 매월 1. 3주 월요일 전체 직

원회 시간을 활용하여 실시한다.

5. 통일교육의 이해를 돕는 시각적인 교육의 일환으로 교사 및 학생들의 통일에 대한 관심과 흥미를 유발시켜 통일교육의 교육적 공감대를 형성하고, 내적인 통일의지를 튼튼하게 다져 통일 세대인 학생들에게 합리적인 통일대비 능력을 길러 줄 목적으로 교실·복도 등에 최신의 통일환경을 조성한다.

6. 다양한 시사교육 및 체험활동을 통하여 통일 실천 의지를 내면화 할 수 있는 통일 계기교육을 실시하고, 느낌을 체계화시킴은 물론 통일의지를 내면화하기 위하여 통일논술 및 현장체험 감상문을 쓰도록 지도한다.

統一을 위하여

우리 민족은 여직껏
하나가 반쪽이 된 줄도
둘로 굳은 줄도 몰랐다
시간은 逆으로 흘러
일년, 십 년, 그 다섯 번

변화는 역사의 진리다
순백의 진리 위에다
소망의 푸른 다리를 놓자
반 백년 회한의 절벽을
베르린장벽처럼 헐어버리고
마음속에 천년다리를 놓아야 한다

자식과 부모의 마음에
남편과 아내의 가슴에
대동강에서 한강까지
서해 하나의 바닷물이 되는
두 강물의 힘찬 만남을 생각하며
서울과 평양과의 사이에
핏줄로 이어진 다리를 놓자

갈라진 두 쪽의 일부가
한민족으로, 한나라 식구로
진정 하나가 될 날을 위하여
다리는 하나로 이어준다
누구도 갈라놓을 수 없는.

4부

심금을 울리는 고향 하늘 아래의
작은 북소리

현존 대전·충남 최장수 시 전문 동인지 『새여울』
– 50년의 발자취와 그 얼굴들

1. 새여울 출발기 / 제1기 (1971-1981)

대전·충남지역에서 시문학 동인회의 참여하여 활동하였던 문인은 매우 많다. 현재까지도 어느 동인회에 한 두 개씩 소속되어 열심히 활동을 하고 있는 문인 또한 여러 명이다. 그런데 그들 중에서 이 지역에서 현존하는 최장수 시전문지가 새여울이고 이를 바탕으로 직·간접 시작 활동을 하여온 시인들이 다수임을 알고 있는 문인은 그리 많지 않다. 50년이 넘게 창간호부터 현재까지 참여하여온 동인의 한 사람으로서 이에 대한 책임감을 크게 느끼며 그 발자취를 밟아 거슬러 가보고 직·간접으로 새여울과 인연을 맺었던 얼굴들과 현재의 위치를 다시 한번 확인하여 앞으로의 새여울이 나아갈 방향을 모색하는데 일조를 하고자 한다. 물론 연륜을 전혀 무시 할 수는 없지만 이만 내세우려는 고답적인 태도는 아니다.

 1960년대에서 1970년으로 들어서면서 산업화의 물결이 거세게 몰아치고 또한 서울을 중심으로 하여 각종의 문학지 창간이 봇물 터지듯이 일어나지만 대전·충남지역에서는 아직 잠에서 깨어나지 못하고 있었다고 하여도 과언이 아니었다. 1969년부터 이러한 문화적인 갈증을 어떻게 목 축여 볼까를 사석에서 항시 논의하던 공주교육대학 석초동인 출신 윤석산, 김명수, 전민, 안홍렬 등은 1970년 8월 여름방학을 틈내어 공주 갑사에서 문학세미나를 열기로 한다. 이의 주선은 尹石山(현재 제주대 교수) 시인이 도맡아 하였다. 윤석산 시인의 본가였던 계룡면 중장리와 갑사를 오가며 자작시도 발표하고 작품에 대한 의견도 나누었다 이때 모임에 함께 참여하였던 문인들은 이제 고인이 되신 한성기 박용래 시인 강금종 소설가와 조치원을 무대로 활발하게 활동하던 장시종, 이대영 시인 등이 있었다. 낮에는 갑사 느티나무 그늘 아래 모여 문학을 논의 하였고 밤에는 자작시 발표회와 합평회 짬을 내 횃불을 높이 들고 시냇가에 모두 나아가 민물 새우, 붕어, 쏘가리, 가재를 양동이에 가득 잡아 막걸리 안주로 삼기도 하였다. 무엇보다도 이 모임에서의 튼실한 결실은 시

동인지 발간의 필요성에 대한 의견이 충분히 오고 갔다고 말할 수 있다. 그 후에도 김명수, 전 민, 안홍렬(삼총사라고 다른 사람들은 일컬음)은 선배인 윤석산 시인과 수시로 만나 동인지 창간에 대한 구체적인 의견을 나누던 중에 1971년 서울신문 신춘문예에서 『대숲아래서』로 당선한 나태주 시인을 영입하여 함께 문학동인지를 창간하기로 결정하고 나 시인의 허락을 받아 활기찬 첫 출발이 시작하게 된다.

드디어 날씨도 매섭기만 하던 1971년 12월 25일 새여울 창간호가 비매품으로 공주의 한일인쇄소에서 태어났다. 지금 보면 보잘 것 없는 76쪽의 옵셋판에 불과하지만 그 당시로서는 최선을 다해 만들어 내놓은 동인 모두 작은 가슴들의 만남이었다고 말할 수 있을 것 같다. 창립동인으로는 윤석산, 나태주, 이장희, 이관묵, 김설아(김정임), 구재기, 김명수, 안홍렬, 조한수, 김현기, 전 민까지 모두 열 한 명(하나가 겹쳐 둘이 되고 이를 펼쳐서 열하나 라는데 의미를 두었음)이었고 초대시로 한성기의 『햇살』을 첫머리에 실었다.

햇살

한 성 기

햇살은 절 가까이
솔밭에까지 와 있다.

지어 입은 누더기
손에 든 念珠의
알알..........

스님은 웃고 있다.
흡사 절 가까이 와 있는
햇살같이

스스로 內部를 도는
피빛 나이테 때문에
웃고 있는
소나무같이

스님은 웃고 있다.

그의 內部에 가득 차 있는
햇살
그것을 나도 가질 수는
없을까.

동인지 명칭을 무엇으로 할 것인가에 대한 동인의 여러 의견을 개진하다가 지금은 고인이 되신 한성기 시인의 제안으로 동인지의 명칭을 『새여울』로 하기로 합의를 하였고 표지화와 장정은 동양화가인 姜信哲 교수가 자진하여 맡아주기로 하였다. 새여울 창간호 머리글로 "이제 우리는 여기『새여울』을 통하여 「가슴에서 치솟아 머리에 살아남는」 자세로 얼굴을 닦고 永遠을 향한 거울이 되고자 한다. 우리는 결코 커다란 理念이나 어쩔 수 없는 緣 때문에 출발하는 것이 아니더라도 뚜렷한 몸짓으로 예쁘게 남으리라는 기대를 가지고 이 책을 펴낸다."고 하였다. 동인 수록 작품으로는 李璋熙의 〈겨울국화〉, 金雪娥의 〈故鄕〉 등 동인 모두의 작품 각 3~4편 씩과 산문으로 나의 詩的 所信 / 羅泰柱의 〈가장 非詩的인 가장 詩的인〉, 尹石山의 〈끝없는 摸索〉을 말미에 실었다.

공주문화원에서 열린 새여울 창간 출판기념회에는 서울, 대전, 공주 등에서 문단의 황제로 불리던 趙演鉉 박사를 비롯하여 金潤成 文德守 林憲道 崔相圭 韓相珏 李昌燮 元鍾隣 趙在

勳 등 기라성 같은 선배문인들이 대거 참여하여 진심으로 축하해 주었다. 뒷풀이가 공주시내의 이학 식당에서 성대하게 열리었는데 지금은 고인이 되신 趙演鉉 박사의 골상 봐주기로 흥이 무루익었다. 연장자이신 林憲道 박사부터 나이가 가장 어린 축에 속했던 필자까지 골상 강의를 복채 없이 받았으니 새여울의 물줄기는 이렇게 뜻 있는 여러 선배문인들의 관심 속에서 세차게 트여나가기 시작하였다.

1972년 9월에 새여울 제2집이 값 300원의 정가를 매겨 서울의 現代詩學社 제작 藝文館 발행으로 출간된다. 제2집부터 姜蘭順, 전영관, 權善沃이 참여한다. 초대시로는 金潤成의 哀歌 Ⅵ〉와 韓相珏의〈江邊素描〉를 싣고 동인작품으로는 李寬黙의〈花瓶〉, 金明洙의〈거미줄 틈새로 바깥세상을 보니까〉등 동인마다 5~8편을 실었다.

제2집 권두언에 "우리는 지난 1집과 2집을 통하여 傳統的인 抒情을 노렸고 앞으로는 결코 요란스런 시험을 표방치 않을 작정이나 方法論에서 自由를 얻는데 신경을 쓸 계획이다"라고 하였다.

1973년 9월에 나온 3집에는 金菊史(현 김동현 변호사) 尹月老, 劉準浩, 金墉鉉이 참가하여 동인수는 16명이 된다. 초대시는 文德守의〈기다리다가〉朴龍來의〈나부끼네〉가 실렸다.

기다리다가

文 德 守

어떤 이는
내게 가까이 오면
새까만 벽만 세워 놓고 그 뒤로 숨는다.
어떤 이는
계단 같기도 하고 사다리 같기도 한 것을
내 여윈 어깨에 비스듬히 걸쳐놓고
그 밑에서 한 계단씩 기어오르려고 한다.
어떤 이는
내게 가까이 와서는
날 넓은 강물 저쪽으로 세워 놓고서는
나룻배를 저어 건너오려고 하거나
혼자서 외나무다리 같은 것을 놓으려고 한다.
어떤 이는
내게 손을 내밀다간
사라진 그 자리엔 꽃만 한송이 피어
가을바람에 흔들거리고만 있다.
이러나 나는 언제나 혼자서
기다리다 기다리다 돌이나 되는 것이다.

나부끼네

朴龍來

검불연기 / 고즈넉 / 감도는 / 금강 / 상류의 / 갈밭 / 노낙 각씨 / 소꺼 천리 / 외우며 외우다 / 모기 달라 / 붙는 눈썹으로 / 나부끼네 / 귀소 / 서두는 / 제비 / 뱃전을 / 치고 / 노낙 각씨 / 소꺼 천리.

尹石山은 《새여울의 方向 摸索을 爲한 試論》에서 새여울 동인을 작품경향에 따라 세 구룹으로 나누었는데 첫째 그룹은 일상적인 시어를 사용하여 傳統的인 한국의 情恨을 주제로 추구하며 멀어져 가는 자연과 희미해져 가는 人事를 주로 다루는 나태주 구재기 권선옥 김국사 가 있고 두 번째 그룹으로 윤석산, 이관묵, 김명수, 안홍렬 등은 전통적인 주제에 접근하면서도 표현 기교면에서 집중과 확산이 반복되며 빤짝빤짝 빛나는 시어를 사용하여 시를 쓰며 세 번째 그룹으로는 현대인의 고뇌를 가슴으로 느끼며 아픔을 노래하려는 경향의 시를 쓰는 이장희 전 민 윤월로 등을 들었다. 3집이 발간되면서 동인간 서로의 장점을 받아들이고 자기의 단점을 수정·보완하려는 의욕을 가지고 시작에 임하게 된다. 동인 하나하나의 개성을 충실히 신장시켜가면서 전체적인 조화를 이루려는 타람직한 방향모색이 이루어진다.

 1976년 9월 발간 된 제 4집은 3집이 나오고 난 후 3년간의 휴식을 갖은 뒤에서야 이관묵의 편집으로 발간된다. 이 시기가 새여울의 진통기라 볼 수 있다. 이 때에는 呂寅順 申鍾甲이 잠시 동인으로 참가하였고 초대시로 全鳳健의〈山莊〉과 任剛彬의 〈빗속에〉가 실렸다.

山莊

全 鳳 健

저만치
저수지의
물들은
맨살에
햇살을 받고 있었다.

과일나무 밭에서는
소년이 삽질을 하면서
과일나무 뿌리에

햇살을 묻어주고 있었다.

뜰의
햇살을
헤치고
나타난
삽살개는
새끼를 배고 있었다.

빗속에

任 剛 彬

빗속에 있게 해다오.
갈라진 논바닥에
퍼붓는 비.
풀잎이
우우 소리를 낸다.
긴 가뭄

내 意識의 마당에
푸석이는 먼지
억수로 퍼부어 다오.
우선은
헐렁한 내 옷가지
흠뻑 적셔다오.
맞을수록 아프지 않은
빗속에
나를 있게 해다오.

  1978년 7월 새여울 5집이 4집이 발간되고 2년 후에 김명수의 편집으로 간행된다.
  새여울의 주축이었던 윤석산과 이관묵이 불참하게 되어 긴 늪에 빠지는 위기를 맞는다. 윤석산은 서울로 가면서 「응시」 동인회에, 이장희, 이관묵마저 「백지」 동인회로 옮겨 활동을 하게 된다. 새로운 동인으로 洪承寬과 崔柱晟이 참여한다. 대부분의 동인지들이 4, 5집을 넘기지 못하고 종간을 맞는 경우가 허다하듯이 새여울도 4, 5집이 나올 때까지 몇 고비를 넘기게 되고 이 진통은 6집이 복간되어 나오는 1982년까지 위기가 거듭된다.

2. 새여울 충전기/제2기(1981-1991)

새여울을 복간하여야 한다는 부흥운동이 김명수, 안홍렬, 전 민 등이 주축이 되어 활발히 일어나고 여기에 나태주 구재기 권선옥이 가세하여 제자와 장정도 새롭게 바꾸고 새여울 제2기를 맞이하게 된다. 동인회의 명칭부터 새롭게 바꿔야한다는 구재기 동인과 명칭은 그대로 이어나가야 한다는 김명수, 안홍렬, 전 민의 의견이 팽팽이 대립되다가 나태주, 권선옥의 의견이 후자에 기울어지고 구재기도 뜻을 같이하게 된다. 제호 글씨도 새로운 모습으로 서울의 金榮泰 시인에 부탁하여 바꾸고 미술을 전공한 안홍렬 동인이 맡아 현대감각이 나게 편집을 한다. 창간 10주년 기념 복간호인 6집이 1982년 2월에 발간되게된다. 동인도 나태주, 구재기, 권선옥, 김명수, 안홍렬, 전 민과 홍일점인 김정임으로 굳어진다.

1982년 8월 15일 7집이 광복절을 기하여 전 민의 편집으로 중앙일보 신춘문예와 시문학지의 추천을 받아 문단에 새롭게 등단한 梁愛卿 시인을 영입하여 6집이 나온 반년만에 다시 발간되는 쾌거를 보인다. 8명의 동인작품에 崔元圭 시인(충남대 교수)의 詩論도 함께 실린다. 소낙비가 훑어 간 땅엔 묵은 찌꺼기가 씻겨나가고 땅은 한층 굳어질 수 있듯이 이 때부터는 작품 발표회 겸 시낭송회도 종종 갖는 등 동인 각자가 의욕적인 시작활동을 하게된다.

1983년 9월 구재기의 편집으로 8집이 발간되는데 이때부터 김정임 동인이 빠진다.

동인의 작품 각 10편씩과 김명수 동인 特輯으로 〈갑천에서〉 등 20편을 게재하고 양애경의 해설 〈작은 것 고통받는 이웃에 대한 사랑 – 金明洙의 詩〉이 실린다.

1984년 12월 권선옥의 편집으로 간행되는 9집부터는 〈새여울〉이란 제호대신 부제로 〈시인은 죽어서도 외롭지 않다.〉를 달고 간행된다. 故 朴龍來 시비제막에 즈음하여 「추모특집 詩人 朴龍來」를 꾸민다. 任剛彬 崔元圭 金東恒 羅泰柱 丘在期가 박용래의 시세계와 박용래의 인정과 체취를 그려나간다. 오로지 부와 명예도 아닌 시와 함께 이 풍진세상을 살아가다가 이승을 떠난 고인의 업적을 다시 한번 되새겨볼 수 있는 기회가 되어 매우 의의 있는 기획이었다고 생각된다.

1985년 10월 나태주의 편집으로 제 10집이 〈충청도여〉란 부제를 달고 서울의 〈오상사〉에서 상업출판을 시도하게 된다. 한국문화예술진흥원으로부터 출판비도 보조받게 되어 동인들의 경제적 부담이 훨씬 줄어들게 된다. 대전의 선배시인인 任剛彬, 崔元圭, 孫基燮 시인이 초대동인으로 참가하게 되고 7집부터 함께하던 梁愛卿이 빠진다. 시집 첫 장에 펜꽃 시《언어의 꽃이며 펜대의 꽃, 향기롭다!》써 있다.

겨울나무 뒤에 숨은 박용래

崔 元 圭

그는 늘 울고 있었다
캡을 눌러쓰고 목도리를 두른 채
소주나 한잔 들이켜고
창자에 불을 지피고 있었다.

소나무

安 洪 烈

아버지가 말씀하셨다
네 할아버지는 고집으로 돌아가셨다
우리 집안은 고집으로 망했다
고집이란 무엇인가
망한 집을 떠나지 않고 버티고 선
저 대들보의 찬물 같은 고집

아버지가 말씀하셨다

너도 고집으로 망하고 싶으냐.

1986년 12월 새여울 11집이 「청하」에서 〈충청도여 시인이여〉란 제명으로 간행된다 편집은 김명수가 맡았다. 문학평론가 장석주 시인은 다음과 같이 새여울에 대하여 말하고 있다. "삶과 시대의 영역을 높여가고 있는 그들은 이 시집을 통해 동시대인 특히 소박한 이웃들에 대한 애정, 자연에 대한 사랑과 인생에 대한 깨달음 등을 깊이 있게 드러내고 있다. 많은 시집과 동인지가 출간되고 있는 요즈음 우리가 특히 〈새여울〉에 주목하는 것은 무엇보다 그들이 지닌 시와 삶에 대한 성실한 태도와 함께 그들이 지니고 있는 다양함이 빚어내는 조화의 아름다움 때문이리라." 동인 개개인에 대한 평에서도 "안홍렬은 인간의 존재에 대한 근원적 성찰, 인간탐구에 대한 깊이 있는 천착을 보여주고, 김명수 전 민 의 경우 밝은 이상세계에 대한 希願을 절실한 언어로 드러내고 있으며 밝음에 대한 두 시인의 希願은 현실이 어둡다는 인식에서 출발하지만 그것을 섣불리 비관주의적 인식이라고 단정지을 수 없는 것은 이상세계에 대한 願望을 포기하지 않는 그들의 의지가 돋보이기 때문이다."라고 평하였으며 "권선옥의 경우 희원과 원망이 현실에 대한 비판의식과 함께 〈울고 싶다〉는 절규에 가까운 외침으로 드러나고 있으며 임강빈, 최원규, 손기섭, 나태주의 경우 여백이 넉넉한 동양적 세계관에 기초한 순수 감정의 시세계를 갖고 있는데 최원규의 경우 근원적인 정신의 문제를 손기섭의 경우 일상적인 소재를 평이한 언어로 드러내는 이들의 삶에 대한 관조적 태도를, 구재기는 농촌에 대한 애정을 바탕으로 한 현실 인식을 서정으로 육화, 흔히는 현실 인식과 비판의식을 바탕으로 한 시가 가질 수 있는 거친 느낌을 주지 않는 성공의 예라고 할 수 있다."고 책 겉표지에 써 놓았다.

제1부에서 동인 작품과 제2부에서는 동인 시집 평이 실렸다. 『삶의 섭섭함과 시의 넉넉함 / 任剛彬 시집 《등나무 아래에서》를 洪禧杓 시인이』, 『허무와 사랑의 균형감각 / 崔元圭 시집 《어둠은 가고 밝음만 있게 하소서》를 李崇源 문학평론가가』, 『삶의 공간을 채우는 투명한 언어들 / 孫基燮 시집 《고개 위에서》를 權善玉 시인이』, 『선한 마음의 승리 / 羅泰柱 시집 《사랑하는 마음 내게 있어도》를 梁愛卿 시인이』, 『은근한 저항과 끈질긴 삶의 점액들 / 權善玉 시집 《풀꽃사랑》을 金明洙 시인이』, 『精神的 冒險을 위하여 / 丘在期 시집 《농업시편》을 金昭影 시인이』 쓰는 업적을 남겼다.

제12집부터는 출판사를 경영하는 김명수 동인에게 편집간사를 고정하기로 하고 12집이 1987년 12월에 『충청도 사람』이란 제명을 달고 나온다 동인시 이외에 백지동인의 김순일, 조치원 백수문학 동인 강신용과 신인 안용산 시인의 작품이 실렸다.

섬

김순일

하늘이 / 파아란 하늘이 / 마무리 / 치마꼬리를 흔들어도 / 나는 / 날개를 접고 / 풀섶에 내려 앉아 / 둥지를 틀고 / 알을 낳고 살아야 할 / 작은 새

石橋里 戀歌 41
– 겨울 江

강신용

칼날 같은 바람이 살아 있었어
原形의 이름 위
차운 햇살은 더부룩이 쌓이고

기다림의 눈발만 흩날리고 있었어
몇 날 밤

지새던 꿈길 사라지고

정지된 물결 위
날개 잃은 물새들만
수군대고 있었어.

망초꽃

안용산

욕심을 버렸을 때 / 욕심이라는 생각마저 버렸을 때
떠오르는 풀들의 이름 / 코딱지풀 / 꽃다지 / 지칭개 / 씀바귀
이른 아침 세상은 / 이렇게 넉넉한데 / 넉넉하면 넉넉할수록
망초 망초 망초꽃은 / 말이 없네 / 이 자리 보려 / 긴긴 세월 모아
생울음 참는 깊은 산 아침에 / 떼지어 날아왔는가
가도 가도 가아도 / 망초 망초 망초꽃.

1988년 하늘 끝까지 치솟던 서울올림픽의 열기가 조금씩 식어 가는 12월 「안개주의보」란 제명을 달고 새여울 제13집이 발

간된다. 겉표지에 "시를 쓴다고 세상이 한꺼번에 달라진다고 하더냐 시를 쓰지 않는다고 해서 세상 또한 뒤로 물러난다 하더냐 그저 가끔은 넉넉해지고 싶고 우리 스스로에겐 더욱 채찍질해서 좀더 겸허한 자세로 세상을 바라보고 싶다."라고 써있다. 여기서부터는 임강빈, 최원규, 손기섭 세 초대동인의 작품이 빠지고 대신 속초의 이성선, 경북의 김성춘 시인의 작품이 초대되어 실렸다.

귀

이 성 선

내 귀를 비우고 싶네.
거리의 소리가 너무 높아서
진실도 거짓도 알기 어려워
내 귀는 쉬고 싶네.

내 귀를 이젠 바다를 향한
보석함으로 두고 싶네.

사람의 파장을 뛰어넘어서
다른 떨림의 울림 속에 들어가 살고 싶네.
풀잎 사이에 내려놓고
풀잎들의 맑은 목소리나 듣고 싶네.

나무들의 숲으로 가서
짐승과 별과 달과 바람이 얼굴 비비며
속삭이는 나라의 소리를 듣고 싶네.

내 귀를 이젠 비우고 비워서
떨리는 사랑의 소리나 가려 듣고 싶네.

나무

김 성 춘

나무는 서서도 걷는다
하늘을 향해 앞으로 앞으로
꾸밈도 없고 위선도 없이

하루 속에 뿌리를 내린다.

나무는
자기가 걸어온 연륜만큼
그만큼의 자기의 그늘을 만든다.
우물보다 깊은, 무성한 잎속에
슬픔도, 새도
벌레의 고통도 모두 쉬게 한다.

나무는 결코
많은 꽃, 많은 열매를 갖기 위해
쫓기지 않는다.
묵묵히, 하늘을 향해
바람이 불면 바람과 놀 줄도 알고
눈이 오면
눈을 불러 함께 마음을 적실 줄도 안다.
가을이면 스스로 빈 몸이 되어
온갖 세상의 바람소리 혼자 견디며
기다릴 줄도 안다.

오, 기다리며 사는 나무는 아름답다.

묵묵히 하늘을 향해
빈 몸으로 서서 걷는 나무는
더 아름답다!

1989년 12월 「마음은 외로운 사냥꾼」이란 제명을 달고 새여울 14집이 동인작품과 임강빈, 최원규, 손기섭, 김영배, 김명배, 홍희표 시인의 작품도 함께 실었다.

말나라1. 속다속닥

홍 희 표

1949년 6월 26일 / 경고장 2층 서재에서 / 백범 김구 선생을 / 권총으로 살해하고
 "한 집안에서 두 어른 / 섬길 수 없기에 / 존경해 마지않던 / 백범을 죽였다!"
 속닥속닥 속다속닥 / 어어얼 시구시구 / 두 어른이 없어도 / 아, 지금도 그 사람
 건재 건재하니 / "1공 비리" 특위라도 / 구성하여 재조사 / 한 번 해보시지요

앵앵 울어라 / 너의 아버지 죽어서 / 부고가 왔다 / 앵앵 울어라.

1990년 12월 「새장 속의 새와 새장 밖의 새」란 명제를 달고 새여울 제15집이 나태주, 구재기, 권선옥, 김명수, 전 민, 안홍렬 동인의 작품만으로 간행된다.

1971년 〈새여울〉의 물줄기는 얕으면서 좁지만 흐르기 시작하였다. 세월은 강의 깊이도 넓이도 불려놓았다. 멀리서 가까이서 강물을 바라보는 분들도 꽤 늘어났다. 이제는 물줄기의 위치와 방향도 점검하고 둑의 높이도 다져가야 할 때인가보다.

강물은 역류되지 않는다. 깊어진 깊이만큼. 넓어진 너비만큼, 흘러온 길이만큼, 높여진 강둑만큼, 우리들은 나이 많은 것만을 자랑하는 철부지는 안 될 것이다.

3. 새여울 부흥기/제3기(1991-2001)

1991년은 새여울 창간 20주년이 되는 해이다. 지난 80년대는 시의시대라 할만큼 각종 무크지와 동인지가 발간되어 양과 질적인 면에서 괄목할 만한 변화와 성과를 보여주었다. 충청·대전 지역의 대표적인 시동인지 새여울 또한 창간 20주년을 맞을 정도로 뿌리를 튼튼히 뻗어 내렸다. 이렇게 지역의 동인지 문학이 튼튼하게 성장하여 소위 말하는 중앙문학과 상보적인 발전을 거듭해 나갈 때 한국문학의 발전을 기대할 수 있을 것이다. 1991년 2월 9일 대전의 라이프호텔에서는 서울과 대전의 시인들이 대거 참석하여 새여울 창간 20주년 문학심포지움이 『문학활성화를 위한 동인지의 역할』이란 주제로 성대하게 열렸다. 발제 강연으로 【시동인 운동의 의의】 / 오세영 시인(서울대 교수), 【우리 文學의 반성과 展望】 / 김재홍 문학평론가(경희대 교수), 【대전·충남 시문학의 전망과 과제】 / 손종호 시인(충남대 교수), 【새여울 20년의 발자취와 현주소】 / 전 민 시인(새여울 동인) 등이 맡아 하였다.

오세영 교수는 《60년대 대표적인 시동인지로는 〈60년대 사화집〉 〈현대시〉 〈신춘시〉 등이 있는데 70년대 들어오면서 〈새여울〉 〈반시〉 〈자유시〉 〈원탁〉 〈목마〉 등이 발간 되었고 〈새여울〉은 서정시적 경향을 탐구했다》고 발표하였다. 또한 손종호 교수는 《대전·충남지역의 시전문 동인지의 효시는 〈과수원〉 〈시혼〉이 있어 1977년까지 네 번을 발간하였고 『가슴에서 치솟아 머리에 살아남는 자세로 얼굴을 닦고 영원을 향한 〈새여울〉이 되자』는 취지 아래 나태주, 윤석산, 이장희, 이곤묵, 구재기, 김명수, 안홍렬, 전 민 등에 의해 창간된 〈새여울〉은 현존하는 시전문 동인지 중 최장수를 기록하고 있다》고 발표하였다.

새여울은 창간 20주년을 맞아 대전·충남지역의 현존 최장수 시전문 동인지로 알찬 자리 매김을 하며 부흥기로 들어간다.

「흑백사진 한 장이」라는 제명을 달고 1991년 12월 새여울 16집이 동인작품과 문학심포지움 발표 원고를 게재하여 간행되었다. 1992년 12월 새여울 17집이 「그와 친구하고 싶다」의 제명으로 나태주, 구재기, 안홍렬, 김명수, 전 민 다섯 동인의 작품으로만 간행된다.

풀밭길을 걷자

나 태 주

풀밭 길을 걷자
풀벌레 울음소리 속을 가자
풀밭 길에
풀벌레 울음소리 속에
푸른 산 있고
맑은 강물 흐르고
흰 구름도 알몸으로 스쳐 가누나
풀밭 길을 걷자
풀벌레 울음소리 속을 가자

풀밭 길에
풀벌레 울음소리 속에
때까치 들까치 우짖으며 오르내리는
미루나무 길 있고
고추를 달랑거리며 노는 꼬맹이들
모래밭 있고
햇빛이 밝으니 오려나
바람이 드세니 오려나
들창문 열어놓고
외지에서 살림 차린 자식들 기다리는
어머님 있다
무말랭이 호박고지로 늙으신 어머님
바라보는 동구밭
느티나무 있다
풀밭 길을 걷자 이슬 찬
풀벌레 울음소리 속을 가자 달빛
흐드러진.

늦가을 저물녘
― 남새밭

구 재 기

늦가을 저물녘
노인은 여전히 뜨락을 거닌다.

먼 산을 끼고 돌아 긴 강물이 흐르듯
가랑잎 하나를 돌아서 거닌다.

그러나, 돌아보아 남을 것도
없고 또한 남겨질 것도 없다

천년이고 만년이고
자구만 돌아돌아 흐르면서 보이는

눈물은 차라리 사치한 보석

남아야 할 햇살에 자꾸만 빛나서
노인은 멀리로 돌고 돌아 뜨락을 거닌다.

가을 便紙

김 명 수

이 가을엔 편지를 쓴다
내 속살 같은 은행잎 하나
우표처럼 붙이고
바람이 그네 되어
흔들리는 갈대 숲에서
타오르는 그리움을 보낸다
긴긴 여름날의 뙤약볕을 지나
해맑은 하늘을 기다리듯
불타는 산기슭을 돌아오는
나의 지친 그림자
이제는 잊혀져 가는
추억의 강물 속에 손을 흔든다
젖은 손을 흔든다.

 1993년 대전엑스포가 열린 뒤 12월 「겨울 山頂에서」의 제명으로 18집이 구재기, 김명수, 안홍렬, 전 민 네 명만의 참여로 발간되었다.

1994년 12월 「땅끝마을에 와서」의 제명으로 19집이 구재기, 김명수, 안홍렬, 전 민 네 명만의 참여로 발간되었다.

벚 꽃

안 홍 렬

해마다 봄
해마다 벚꽃
해마다 겪는 아픔
때가 되면 제 스스로 피고
때가 되면 제 스스로 지는 꽃이야
무슨 죄가 있을까.

1995년 12월 「풀잎에게」 제명으로 20집이 역시 구재기 김명수, 안홍렬, 전 민 네 명만의 참여로 발간되었다. 머릿글에 "한 지역에서 묵묵히 문학의 한 부분을 지켜간다는 것이 쉽지 않지만 우리는 나름대로 열심히 해왔다고 생각한다. 그리고 지금까지 그래왔듯이 우린 현실을 직시하며 꾸준히 갈 것이다. 문학은 삶의 한 부분이다. 때문에 우리 동인은 조금 느슨할지라도 변하지 않고 갈 것이다. 그리하여 나름대로의 탄탄한 성을 쌓도록 노력할 것이다. 물론 그 성의 가치는 훗날에 맡기도록 할 것이다. 1996년 내년에는 새여울 스물다섯 해, 사반세기를 맞는다."고 써놓았다.

 1996년 12월 「겨울숲이」라는 제명으로 21집이 구재기, 김명수, 안홍렬, 전 민 네 명만의 참여로 발간되었다. 머리 글에 "새여울이 이 땅을 지켜온 것이 어언 사반세기가 되었다. 25년이란 세월이란 그렇게 긴 것이 아니지만 그렇게 짧은 것도 아니다. 그동안 우리는 이 땅의 천박한 문학풍토에서 굳건히 견뎌왔음을 자랑스럽게 생각한다. 그러나 우리는 또 반성한다. 과연 우리들은 좋은 작품을 쓰기 위하여 얼마나 뼈를 깎는 아픔을 겪었던가, 그리하여 정말로 진솔한 작품을 잉태했던가, 그러나 비록 그 질문에 흡족히 답을 못할지라도 분명한 것은 나름대로 자신들의 세계를 구축하기 위하여 노력해 왔다는 것이며 앞으로도 우리는 꾸준히 노력할 것이다."라고 지난날의 탄성과 앞으로 다짐의 말을 써 놓았다.

任剛彬

전 민

「冬木」의 큰 그늘 / 아름드리 소나무 아래에는
지나던 바람도 발을 멈춰 / 귓속말을 건네주고 갑니다.

「당신의 손」을 / 처음으로 잡았을 때
우리는 환자가 되어 / 詩의 동굴로 실려왔지요

「등나무 아래에서」 / 다시 당신을 만났습니다.
보름달로 높이 떠 / 높고 낮은 산 / 질고 마른 들
한 색깔로「매듭을 풀며」/ 그윽한 향내음을 / 쎈 빛으로 뿜어내고 있는

오늘은 / 「조금 쓸쓸하고 싶다」 / 내일도 조금 쓸쓸하고 싶다.

註 :「 」부분은 任剛彬 시인의 시집 이름임

1997년 12월「그리움이 햇살로 떨어지는 시의나라에」라는 제명으로 22집이 심상으로 등단한 宋桂憲 여류시인을 동인으로 맞아 구재기, 김명수, 안홍렬, 전 민 다섯 명의 참여로 발간되었다.

꽃의 그늘

송 계 헌

그들 세상에 한걸음 다가서고 싶다
투명한 햇살 노을로 떨어지는
꽃의 그늘 앞에 앉아서
그들 봉오리 틈사이 웃음을 지어내는
순금빛 제단에 잠시 화답하며
나 꼭꼭 숨겨두었던 마음마져
다 들켜 버리고 싶어진다.
이브처럼 그들만의 비밀스런 갈비뼈를 하나씩 심어주고
여린 목 꺾이지 않도록
등어리에 편안한 버팀목을 세워주어
그들 뇌리에 엉기는 슬픔이나 고뇌
그리운 향기로 서게 하고 싶다.
원하지 않아도 그들 나라에 들어가
꽃술 깊숙히 삼키는 눈물다발로 화관을 빚어
그들 빛나는 정수리에 얹어주고 싶다.

1998년 12월 「아득한 것에 대하여」라는 제명으로 23집이 22

집부터 함께한 宋桂憲 동인과 구재기 김명수 안홍렬 전 민 다섯 명의 참여로 굳어진다. 머리글에 "시는 사람들의 가슴속에서 지주 같은 역할을 할 것이라고 믿는다. 힘든 사람에겐 용기를 가난하고 불쌍한 사람에겐 희망을 어두운 사람에겐 빛을 춥고 쓸쓸한 사람들에겐 따스함을 함께 보낼 수 있는 작은 그릇이 될 것이라고 믿는다. 그런 의미에서 우리의 작업은 또 쉬지 않고 계속될 것이다"라고 쓰여있다.

여백 4

김명수

살아가는 데 있어서도
작은 여백 하나 남겨두고 싶다

친구들이 찾아오면
함께 소주 한 잔 마실 수 있는
일을 하다 싫증이 나면
함께 산책 할 수 있는
좋은 사람 만나면
함께 차 한 잔 마실 수 있는

그리고
그리운 사람을 위해
한 줄의 詩를 쓸 수 있는

　1999년 11월「이제 작은 물방울로 내려와」라는 제명으로 24집이 구재기, 김명수, 안홍렬, 전 민, 宋桂憲 동인의 신시작품 10여 편씩을 게재하여 발간하였다. 머리말에「아름다운 삶을 위한 또 하나의 작업」이란 제목으로 "시가 먼저인가 삶이 먼저인가를 묻는 질문에 어떻게 대답해야 할까 그것은 어떤 것이 먼저라는 정답은 여기서 말하고 싶지 않다. 사람마다 보는 위치에서 생각의 차이에서 관점이 다르기 때문이다. 다만 분명한 것은 시는 우리들의 삶에 있어 새로운 가치를 창조해내는 일에 앞에 서 있는 것만은 확실하다는 것이다."라 써 있다.

이제 작은 물방울로 내려와

송 계 헌

그 때 수직을 가르며
지붕으로 나부끼는 빗줄기였을 때
어느 깊은 사막 구르는 맑은 모래알이었을 때

한 줄 끈으로 꿰어지지 못하고
배수구 검은 물로 콸콸 내몰리는 헌 구두 짝이었을 때
콘크리트 사이 젖은 풀잎들 마른 등을 적시는
가벼운 목숨 언저리, 스산한 첫 안개울음 들려오네

정작 길은 어둠 속에서도 늘 점화되어 있었고
먼 완성을 향해 구부정한 그들 등뼈 성긴 들풀로 지나갔었네
수없이 많은 이탈의 유혹을 꿈꾸며
문명과 내통하며 세월 속에 직립하고 있었네
길과 사막, 수많은 인연의 풀씨를 뒤로하고
나 이제 작은 물방울로 내려와 별나지 않은 生으로 구르려하네
강으로 살지 못하는 진실은 아껴두려 하네
내가 빗방울이었을 때
적막 산봉우리 적시는 붉은 구름이었을 때
외투처럼 잠깐 희망을 포로로 뒤집어쓰고 있을 때
후욱 내 발등을 찍는 폭우, 폭우 속에 스미는
그리움의 질량
내 깊은 망막 속 한 점 환유로 갇히는.

세월은 어김없이 흘러왔다. 30년 전 1971년 공주의 어느 여인숙에서 머리를 맞대고 긴 밤을 지새우며 새여울의 출발을 약

속했던 얼굴들. 그들은 하나같이 총각, 처녀에다 紅顔의 겁 없는 이십대 초반이었었다. 그러나 지금은 참 많이도 변했다. 김명수 동인은 장녀 방울이를 시집 보냈고 구재기 동인은 시집을 일곱 번째 상재 했고 안홍렬 동인은 교감 승진을, 송계헌 동인은 삼십여 년간 몸담았던 교직에서 명퇴를 하였고, 전 민도 시집을 네 번째 내놓았다. 흰머리하며 얼굴에는 주름살도 자꾸만 늘어가고…

 2000년 새 천년이 되어 세상을 바로 서서 바라보면 금방 좋은 일들만 내 차지로 들어서 줄 것만 같이 고무풍선처럼 가슴이 부풀어 있던 해를 아쉬워하며 보내야 했던 12월「거꾸로 선다는 것은」라는 제명으로 25집이 구재기, 김명수, 안홍렬, 전 민, 宋桂憲 다섯 명으로 굳어진 채 신시작품 10여 편씩을 게재하여 발간하였다.

고달픈 집

안 홍 렬

고달픈 집은
불빛 도한 고달프다.
늦도록 흐릿한 불빛

창문이 고달프고
늦은 귀가를 기다리는
등 굽은 용마루
그 우두건한 허리가 고달프다.
거리마다 골목마다
피곤한 발걸음이 쌓이는 밤
외로운 집은
불빛 또한 외롭다.
가난한 집은
불빛 또한 가난하다.

거꾸로 선다는 것은

구 재 기

강물 속에 거꾸로 선다는 것은

머언 원시적 사람들이
숨소리로 다가온다는 것

뭉게뭉게
강물 속으로 뛰어들기 시작하자

소나무는 하늘을 닮아버렸습니다
비로소 어느 바다에 닿은 것입니다.

제 스스로 물낯에
햇살이 여물어 갔습니다
찰랑찰랑
제 빛을 찰랑이기 시작하자

이제 파도를 맞을 때입니다.

 새여울 창간 30주년이 되는 의의 있는 해이다. 우리는 새롭게 출발하여야 한다는 동인의 의견이 일치되어 다시 공주 마곡사에서 1차적인 만남의 기회를 갖는다.
 2001년 12월 새여울 26집이 「길 위에서 길을 잃다」는 제명으로 새여울 창간부터 함께 하고 열성껏 활동하다가 잠시 비껴서 있던 나태주, 김정임 시인이 새출발을 위하여 합류하였고 심상으로 등단한 후 대전일보 신춘문예에 당선하여 실력을 인정받은 참신하고 유능한 신예 전주호 여류시인이 새 식구가 되었다.

새로운 길

나 태 주

나는 신문을 한 일년쯤
묵혔다 읽는다
어떤 때는 2,3년, 더한 때는
10년이 지난 신문을 읽을 때도 있다.
그렇게 읽어도 새로운 소식을
담은 신문이 내게는 정말로
신문이 될 수 있기 때문

나는 남들이 새로운 길이라고 소리치며
달려가는 길은 가지 아니한다.
오히려 사람들이 왁자지껄 그 길을
걸어서 멀리 사라진 뒤
그 길이 사람들한테 잊혀질 만큼 되었을 때
그 길을 찾아가 본다
그런 뒤에도 그 길이 나에게
새로운 길일 수 있다면 정말로
새로운 길일 수 있기 때문

나에게 새로운 길은 언제나
누군가에게서 버림받은
풀덤불에 묻힌 낡은 길이다.

딤 채

김 정 임

우리 혀를 위해
맛있는 김치를 담그는 파출부는 얼마나
정성스러운가 프레온 가스를 넣어
딤채를 만드는 기술자는 얼마나
지혜로운가 돈을 벌어 딤채를 사주시는
사장님은 얼마나
존경스러운가 딤채에 달래를 넣어
신선하게 저장하는 사모님은 얼마나
아름다운가 그 사모님의 마음을
너무 잘 아는 도둑님은 얼마나
사랑스러운가 숙성된 딤채 안에서

지혜롭게 썩어가는 우리들은 얼마나
위대한가 이 시대의 혀는

겨울과 봄의 눈금 위에 서서

전 주 호

보이지 않는 숲을 헤치며 산에 올랐다.

아직 채 눈뜨지 못한 봄눈의 나른함이
어둠 속에서 쓱~ 목탄처럼 묻어난다.
다가갈수록 맨살로 다가가는 숲을 지나

우리는
조그마한 천체 관측소에서
망원경이 담아낸
한없이 넓게 펼쳐진 우주를 올려다보았다.

우리 은하계에서부터

별의 탄생과 소멸이 이루어진다는 외계은하까지
차갑게 눈을 찌르는 별들

몇 걸음 위엔
사랑했던 여인 아르테미스에게 죽음의 화살을
맞아야만 했던 오리온과
쌍둥이 자리의 카스토르와 풀록스 형제
아름다운 히아데스, 플레이야데스 성단도 아직은
겨울의 눈금 위에 떠 있었다.

구부러진 산길을 내려오며 우리는
매연 속에 지워진 별들을 이야기했다.
잊혀져 가는 동화 속의 주인공에 대하여
꿈과 삶에 대하여
가까운 듯 먼 별에 대하여

기우뚱 새벽으로 기우는 3월의 밤
차가운 듯 맨몸으로 서있는 나뭇가지마다
황홀한 별들이 매달려 있었다.

알아버렸다.

겨울과 봄의 눈금 위에 서서
별들은 밤마다 나뭇가지에 매달려 있다가
이른 새벽 맑은 이슬로 잠시 반짝인다는 것을

친구의 동공 속에
희미한 별들이 새벽처럼 차오르기 사작할 즈음.

4. 새여울 잠복, 충전기/제4기(2002-)

　우후죽순처럼 지역의 여기저기서 쏟아져 나오는 동인지와 각종 문예지들 발표지면도 넓어졌고 동인들의 삶에도 많은 변화가 오면서 동인지에 대한 매력이 식어가고 있다고 생각이 들 때 새여울 동인 모두의 화합과 정진을 위한 워크숍이 공주 마곡사에 이어 홍성 남당리 바닷가에서 2차적인 만남을 구재기 동인의 주선으로 갖는다. 김정임, 구재기, 권선옥, 김명수, 안홍렬, 송계헌, 전주호, 전 민이 자리를 함께하여 새여울의 내일을 모색하는 자리를 갖고 다지는 기회를 2002년 7월 13일부터 14일까지 이틀간 가졌다.
　그 후로
　2002년 12월 「낙타의 등은 어지럽다」라는 제명으로 27집이 나태주, 구재기, 권선옥, 김정인, 김명수, 안홍렬, 전주호, 전 민 동인 모두가 참여하여 발간되어 나온다.

유혹

권 선 옥

나무가 정작 보이고 싶었던 것은
초봄의 신록이나 가을 단풍이 아니었다
신록에 넋을 잃게 하고
녹음으로 사람을 불러들이지만
단풍 때문에 사람들은 나무 곁으로 간다
가까이 가까이 사람들이 다가왔을 때
어느날 문득, 사르르 옷을 벗어
황홀한 알몸을 드러내는 나무
나무는 알몸을 보여주기 위해
봄부터 그렇게 사람들을 유혹했었다
긴 겨울 동안 추위와 눈보라 속에서도
옷을 입지 않는 걸 보라
얼마나 알몸을 보이고 싶어했는지

늦바람

안 홍 렬

세월이 깊을수록 / 낙엽이 되고 싶다
낙엽보다 늦은 나이에 / 낙엽보다 불그렇고
더 고운 가을이 되고 싶다
낙엽보다 더 철없이 / 낯선 거리를
이리저리 뒹굴고 싶다
가을보다 진하고
가을보다 풍만한 분위기
야한 풍경에 젖고 싶다
세월과 상관없이 / 나이와 상관없이
그 부끄러운 눈빛에 젖고 싶다
낙엽보다 더 푹신한 잠자리에 누워
요염한 가을과 만나고 싶다
가을바람은 늦바람 / 세월이 깊을수록
낙엽이 절실하다

2003년 11월「새여울」이라는 본래의 제명으로 28집이 구재기 동인의 편집으로 발간되었다. 27집과 같이 8명의 동인 모두가 작품을 실렸고 시작품 외에도 〈나의 데뷔시절〉이란 공동주제로 나태주의 〈시여, 요절하지 못한 시여〉, 구재기의 〈울 일이 없어 참 슬프다〉 전주호의 〈시를 품고 산다는 것은〉 산문을 게재하였다.

시인

나 태 주

나는 하늘나라에서 / 심부름 온 아이

그러나 정작 해야 할 / 심부름은 모조리 까먹고
이쁜 꽃 옆에서 꽃이나 보면서 / 웃고 있는 아이

한눈 팔리기로 / 구름도 보고
푸른 산도 건너다보고 / 나뭇잎 사이 바람의
손을 보며 기독거리기도 하다가

언제든 때가 되면 / 자리를 털고 일어나
하늘나라로 돌아갈 일이지.

빛바랜 흑백 사진첩 속에는

전 민

그 때는 한 대낮에도 / 꼬리가 열두 개 달린
불여우가 살짝 내려와 / 장닭을 물고 달아나던
유년의 추억, 내 고향

흙벽돌로 쌓아올린 / 담머리엔 하얀 박꽃과
숭숭 엮은 싸리나무 사립 / 반쯤은 허물어내린 굴뚝이
보름달 빛에 더욱 정겹고

아침마다 나가보면 / 저녁마다 알알이 알밤이
새벽별들과 함께 소복이 쏟아내려 고여있던
달빛 가득 담긴 장독대

떡갈잎 댓돌 위에 펼쳐 / 찰흙으로 빚은 송편 놓고
깨어진 사금파리는 숟갈 / 시나대 꺾어 젓가락 놓고
나는 신랑, 순이는 내 각시

한 가족에 끼지도 못한 / 지금쯤은 손자 손녀도

서넛쯤은 족히 보았을 / 코흘리개내 친구 석구는
밥상을 발로 차버리며 / 심술을 자주 부려댔었지

2004년 12월 새여울 29집 「매화 한 잎 띄워놓고」가 김명수 동인의 편집으로 발간되었다.

네가 없어도

구 재 기

네가 없어도 지구는 돈다
꼭 있어야 할 사람 / 네가 없어도
강물은 또 그렇게 흐른다

햇살 소소히 떨어지고 있는
일요일 오후, 창 밖으로는
쭈욱 뻗어나간 기찻길

네가 없어도 / 텅 빈 대합실에는

소리 없이 진 눈물 몇 방울

그 흐미한 자죽

그리고, 네가 없어도
더욱 더다가서는
내 가슴 속, 뭉클

뜨거움 하나

가을이 오면

김 명 수

시리도록 푸른 하늘 한쪽에서
늘 어머니의 얼굴이 보인다
그렇게 가을이 오면
어머니는 가까이 다가오고
어린시절 친구들까지 몰려온다

가을이 오면 또
소리없이 다가오는 친구가 있다
슬쓸한 강가나 바다
때로는 빈 들판에 서서
하염없이 기다리는 친구
얼굴도 몸도 목소리도 없으면서
순간순간 내 속에 들어왔다 다시
저 만치 사라지는 고독이란 친구
어느때는
하염없은 눈물을 가져다주고
그리움도 가져다주는 친구
겨울의 입구에 서 있는 오늘도
그가 가슴 들고 나는 것을 안다

새여울이 1971년 12월 창간된 후 2022년인 금년이 51주년이 되는 의의 있는 해다. 강산이 변했어도 다섯 번은 변했을 50년, 반 백년. 처음 만나 동인회를 조직하고 창간호 동인지를 발간하던 그 때가 엊그제 갖고 마음만도 그 때 그 기분인데 동인들도 이제 오는 세월을 비켜가지 못하고 누구 하나 어김없이 많이도 늙었다. 그러나 문학을 사랑하는 마음이나 동인간의 가족애는 처음처럼 아직도 큰 변함이 없을 것 같다.

앞으로 우리 새여울 동인 모두는 연륜만을 깃발처럼 내세우며 구태의연한 모습만을 보여주지는 않을 것이다. 시대의 요구에 걸맞게, 새롭게 단장하여 출발하여야 한다는 다짐을 다시 하며 새여울 현재의 동인이나 잠시나마라도 함께 참여 했던 이산가족들의 애정도 새롭게 피어나리라 믿는다.

심금을 울리는 고향 하늘 아래의 작은 북소리

– 늦둥이 첫시집 〈축복이여 이처럼〉 발간을 축하하며

아프리카 남아공에서부터 불어 닥쳐오는 월드컵의 열기로 후끈 달아오르는 초여름 어느날 갑자기 미국에서 이한우 친구로부터 시집 발문을 써 줄 수 있는지 가부를 묻는 국제전화가 걸려왔다. 작품을 대하기 전에는 사실 좀 걱정이 되었다. 시집을 발간하려는 시인에 대하여 잘 알지도 못할 뿐 더러 지금까지의 몇 차례 경험으로 볼 때 어느 경우에는 노년층에 들어서면서 책을 출판하려는 욕심만 앞서고 작품성이 너무 떨어지거나 작품에 다시 손을 대여 수정, 보완해야 하는 경우도 간혹 있었지만 이번의 경우는 이러한 지레짐작이 한낱 기우에 불과 했다.

고국을 떠나 독일, 미국 등에서 간호사로 병원에 근무하며 평범한 한 가정의 주부로서 그 바쁜 일과 속에서도 틈틈이 가슴 속에 사랑의 빛, 그리움으로 빚어 놓은 주옥같은 시편을 묶어 늦둥이 첫 시집을 발간하는 데에 첨가할 양념으로 축하의 글을 쓸 수 있다는 기쁨을 얻게 되어 즐거웠다.

    엇갈린 삶이 주었던 / 아픔은 / 망각과 유리된 시간 속에 어두운 긴 터널을 지나는 것 같았다

    그 보다도 더 한 것은 / 의지의 모퉁이가 붕괴되어 / 무너져 내리는 소리 / 모든 것을 거부하는 / 내 안의 침묵을 할퀴는 아우성이었다

    그 보다 더한 것은 / 내 영혼 몸져누워 / 길고 요원한 / 방황과 포기의 비척거림에도 / 끈끈한 삶의 비린내에 젖은채 / 홀로 서게 되었던 것

    칡보다 질긴 하나뿐인 생명 / 그래서 더욱 지켜가야할 / "목숨" / 그보다 더 한 것은 / 이 세상 어디엔들 하나 더 없을까?
                           〈그 보다 더 한 것은 : 오성자 시 전문〉

오성자 시인은 꿈 많던 학창시절부터 노년기에 이르기 까지 문학 수업과 활동을 꾸준히 해오면서도 아직 그 흔한 개인시집 한 권도 발간 해본적은 없다. 하지만 그는 일찌기 1965년부터

이미 부산 등지에서 방송이나 신문에 시와 수필을 발표하는 등의 문학 활동을 꾸준히 해왔고 외국에서 가정과 신앙 생활을 성실히 해오하면서도 한인문학회의 회원으로 동인지 등에 작품을 꾸준히 발표 해온 시인으로 작품의 수준이나 내용의 질, 양적인 면에서 어느 기성시인보다 부족함이 전혀 없을 것 같다.

고향 땅은 어디멘가 / 떠나 온 지 수 십년 / 마음에 그려둔 고향 산천초목도 / 아지랑이 봄날같이 / 가물가물 잊혀 가누나

그러나 오직 한 가지 / 고향의 옛 추억 속에 / 언제 어디서나 / 되살아 떠오르는 / 그립고 그리운 / 고향 여름밤

풀벌레 소리 잦아들고 / 깊고 푸른 밤하늘을 가로질러 / 끝없는 은하수가 / 강물처럼 흘러가던 곳

무수한 별빛 아래 / 그 하늘 올려다 보며 / 잠들었던 여름밤 / 은빛 가득한 별의 고향으로 / 하염없이 은하수가 흘러가던 / 그 곳은 정녕 / 영원한 나의 고향
〈은하수가 흐르는 곳 : 오성자 시 전문〉

시 내면에는 조국의 고향에 대한 추억과 그리움, 삶의 순박한 모습들, 먼 산을 무심코 바라보듯 오늘에서 지난날을 반추하며 다시 한 번 자신의 내면을 성찰 해보는 여유, 감사하는 마음과

은혜로움에 대한 무한한 기원과, 깊은 신앙심 등이 시의 속속들이 배어 있다.

푸른 하늘 위로 흘러가는 뭉게구름을 바라보다가 누구인가의 마음결이 속절없이 그리웠던 유년의 추억은 참 아름답다. 모든 것이 다 내 차지고, 세상은 볼수록 아름답기만 하고, 모든 것이 내가 생각한대로 이루어질 것 같고, 본 대로 느낀 대로 시가 되어 가슴을 따스하게 더웁혀 줄 것만 같았던 어제까지의 파란 하늘을 영원히 마음 밭에 깊이 묻어두어도 좋은 황금 시절을 비록 잡지는 못했다 해도 몸과 마음이 이렇게 건강하여 시를 읽고, 쓰면서 하루하루를 즐거운 마음으로 살아갈 수 있다는 것에 대한 행복. 자신의 삶에 대한 존재 확인이 얼마나 보람 있고 아름다운 인생의 표본이 아니겠는가?

> 바쁜 듯 헛손질하다 / 하고 또 하던 일 쳇바퀴 돌아 / 오-매 오늘 하루도 훌쩍 넘어가려네 / 쉬엄쉬엄 해는 저물어 올 듯 싶더니만 / 벌써 황혼이 붉게 물들었구나 / 아이야 서둘러라 / 구름길 달음질쳐 서산으로 가자 / 황혼이 하늘 끝에 물리기 전 / 우린 뛰어가야 한다 / 숨차게 뛰어서 가야만 한다 어둠이 밤으로 내려앉기 전에
> 〈황혼이 지기 전에 : 오성자 시 전문〉

한 권의 시집 분량이 넘치는 시 100여 편을 읽고 난 후의 느낌은 과거의 시간으로부터 돌아와 지난날의 아름다운 추억을 확인하며 인생의 반평생 이상을 썼을지도 모르며 과거를 되돌아보는 성숙한 노년의 아름다움을 생생하게 전해 주고 있다.

인생의 한평생을 온갖 고뇌와 시련을 거처 도달한 생명의 신비함과 원숙함을 노래한 한국의 시문학 역사상 금자탑을 이루어 놓은 서정주徐廷柱 시인의 명시『국화 옆에서』의 한 구절이 떠오른다.

"노오란 내 꽃잎이 피려고 / 간밤엔 구서리가 저리 내리고 내게는 잠도 오지 않았나 보다"

우리 인생은 유한 한 것. 그러나 삶의 의미를 어디에 두고 어떻게 살아가느냐에 따라 얼마든지 마음속 빈자리를 채워 갈 수 있으리라고 믿으며 필자의 시 한 수로 삶의 방향에 대하여 같이 생각해 본다

나의 人生 / 용돈을 쓰듯 /많이도 써 버렸다
반은 써 버렸을까 / 그 이상을 썼을지도
남은 生涯 / 존졸히 써 봐야 할텐데
누가 보태 줄 것도 아니고 / 누가 잘못 썼다고 / 나무랄 것도 아니고
人生은 용돈.

〈人生論 : 전민 시 전문〉

솟아나는 샘물이 냇물이 되고, 냇물이 더 큰 강물을 이루어 바다에 가듯이, 조그마한 물방울이 수증기가 되고 다시 구름이 되어 비로 내린다. 물과 지나간 시대는 내일 다시 역류하지 않는다. 모두가 강물이 되진 않는다 해도 빗줄기, 물길은 강과 바다로 통한다는 순리는 살아 있다.

> 지금은 당신의 축복이 더욱 절실한 때입니다
> 우리에게서 떠나지 마시고 / 손 위에 손을 / 가슴 위에 가슴을
> 머리 위에 머리를 / 생명 있는 모든 것들과 온 인류위에
> 축복이여 이처럼 / 겨울잠을 깨어나는 봄이 오듯 하소서
> 작은 이슬 한 방울도 마지막 순간까지
> 맑은 하늘을 담고 있음을 당신은 보십니다
> 〈축복이여 이처럼 : 오성자 시에서〉

신앙심과 기도 그리고 주위의 모든 사람들이나 이 세상 만물에 대한 조건 없는 사랑과 축복의 마음은 오성자 시인의 시심의 근원이자 영원한 안식처이다. 그는 내일도 끝임 없이 기도하며 감사하는 마음을 시로 승화하여 빚어내고 있을 것이다. 그를 오랫동안 기억하고 있는 가까운 분들은 이러한 맑고 청아한 시혼에 함께 도취되어 빠져나오기 어려울 것이다. 지인과 많은 신앙인들에게 좋은 인상 심어주며 누구보다 바른 길로 반평생 이상을 굳건히 살아 온 당신의 일생에 아낌없는 찬사의 박수를 보낼 것이다.

오성자 시인의 늦둥이 첫 시집 『축복이여 이처럼』 발간을 진심으로 축하합니다. 내일 아침은 고국의 고향 하늘에서 불어오는 그리움의 향수를 맞으러 바다가 보이는 산언덕으로 높이 올라 가보시지요. 덤으로 떠오르는 아침 해도 가슴 깊이 마음껏 부등켜 안고 연인으로 맞이할 수 있을지 모르니깐요.
　앞으로 더욱더 건강하시고 좋은 글 많이 남겨주시기 바랍니다.

잔잔히 가슴을 적셔오는
진실된 삶의 목소리

- 오변세 시집 〈너나들이 길〉 발간을 축하하며

―――

　봄소식과 함께 핵안보정상회의가 대한민국 서울에서 열려 세계의 정상들이 한국으로 속속 들어와 관심의 초점이 한 곳으로 쏠리고 있을 때, 평소에 필자와 자별하게 지내는 정용직 교장(충남여자고등학교)이 다른 어느 누구 보다도 더 침이 마르도록 칭찬을 하는 후배 교육자 오변세 시인을 소개받게 되었다.
　오 시인이 평소에 써놓은 작품을 읽어 보고 가능하면 평까지도 써주면 좋겠다고 하였다. 시를 아무 부담 없이 읽는 일은 즐거운 일이지만 어떤 목적을 염두에 두고 읽으려면 마음이 무거워지고 힘에 부칠 것 같아서 처음에는 바쁘다는 핑계로 발문 을 쓰는 것은 좀 어렵다는 의사를 표하였지만 메일로 전송 되어온 시집 두 권 분량의 시를 한 편 한 편 읽어 가면서 오시인의 성실한 삶과 문학에 대한 열정, 그리고 그의 시적인 진실성에 매력을 갖게 되었고 서서히 그의 시에 빠져들게 되었다.

시를 정독해가면서 정교장이 이미 말해준 것처럼 오시인은 요즈음 같은 세상에 보기드문 참 교육자이자 좀 늦게 문학에 발을 들여놓은 감은 있지만 앞으로 발전 가능성이 충분한 알짜 문학인이라 보았다. 그의 시가 샘솟음은 가슴속에 항시 잠재 되있는 부모님에 대한 효성심으로 부터 한 단란한 가정의 성실한 가장으로서, 인성교육의 실천으로 학생들을 바르게 지도하며 묵묵히 교단을 지켜오고 있는 교사로서의 진실 된 삶 속에서 시혼이 왕성하게 불붙고 있음을 감지 할 수 있었다.

우리는 살아가면서 인간과 인간, 인간과 자연, 그리고 우리가 머물고 있는 사회와의 밀접한 관계 속에서 끊임없이 소통하며 살고 있다. 하지만 사람에 따라 그 소통의 범위와 정도는 다 다르다고 본다. 일반의 평범한 사람, 심오한 철학자나 종교인이 똑같을 수는 없을 것이다. 시인 자신이 추구하는 시정신이나 표현법, 시인관으로 한 편의 시를 창작한다는 것은 자신은 물론, 그 시를 읽는 독자들에게 아름다운 꿈을 제공해 줄 것이다

눈을 통해 가슴을 울리는 사랑의 영롱한 빛, 인간과 자연에 대한 무한한 애정과 그리움으로 빚어 놓은 주옥같은 시 160여 편을 묶어 오변세 시인의 제2시집 〈너나들이 길〉을 발간하게 됨에

축하와 격려의 글을 쓸 수 있게 되어 기쁘면서 한 편으로는 필자가 쓴 발문이 한 독자가 쓴 독후감 수준에서 벗어나지 못할 것이라는 생각에 오시인과 독자들에게 미안한 마음도 감출 수 없다.

오변세 시인의 두 번 째 시집 〈너나들이 길〉은 시인 자신을 원의 중심축으로 하여 가정과 사회, 함께하다 길 위에서 만나 마음을 주고받고, 가까운 거리의 주위에서 끊임없이 벌어지고 있는 조그마한 현상에 대한 애착과 친화로부터 근원이 이루어지고 있으며 그들과의 끊임없는 소통에서 얻은 진정한 애정관이 가슴속에 잔잔히 파문을 일으키며 잠입해 호소하고 있음이 그대로 시집의 표제시에 담겨 있다.

　　세상의 거리에 드난살이하면서 / 방황의 바람, 가만히 외로웠는데
　　서로 마음을 부비며 길을 터놓아 준 / 그리운 사람들, 그 길 위에 서있네
　　너와 나의 마음을 서로 넘나드는 길 / 내 울타리 문을 열어 서로 맞잡는 손
　　微明의 가야 할 길 위에 드러나는 발자국들 / 공유의 자유 펄럭이는 너나들이 길이 있다
　　사람과 사람 사이에 길道이 있다
　　　　　　　　　　　　　　　　－〈너나들이 길〉에서

오시인의 시를 읽다 보면 요즈음 현실문제에서 두려움의 대상이 되고 있는 전쟁이나 핵의 공포로 부터 위협을 받고 있는 나라간의 위기까지도 서로 간의 소통을 통해 해소 할 수 있다든지, 인간과 인간 간의 소원한 관계를 구원하고 각박해져만 가는 사회를 정화하여 맑고 깨끗한 세상으로 만들어 갈 수도 있을 것 같다는 생각이 든다. 오늘날과 같이 삭막하게 돌아가고 있는 세상도 좋은 시를 읽고 쓰는 가운데서 조금씩 화해와 소통의 가치를 발휘 할 수 있으리라 믿고 싶기 때문이다.

> 제 졸시의 원천은 아버지와 어머니였습니다.
> 제 졸시의 원천은 사랑과 그리움이었습니다.
> 제 졸시의 원천은 미움과 억눌림이었습니다.
> 제 졸시의 원천은 외침과 외마디이었습니다.
> – 〈외침 혹은 외마디〉 중에서

오변세 시의 근원은 그가 위 시에서 밝힌 바와 같이 아버지, 어머니에 대한 지극한 사랑과 가족에 대한 안정과 평화. 모든 인간에 대한 휴머니즘, 단절 되어 가는 사회에서의 소통 그리고 마음 속 깊이 간직하여 온 소중한 것들에 대한 애착과 부정적인 모든 것들에 대한 바른 외침에서 기인한다고 보아진다.

떠도는 적요의 흔적 위 / 사랑
추억만으로 살 수 있다면 /응시
말 없는 바람 부는데/ 그대
넉넉한 눈물섬

〈山, 떠나는 가을〉

　가을 山에 올라 부모님을 뵈오니, 그저 목울대 그렁대고 눈에는 하얗게 안개피어 오르고 그리운 섬 하나, 떠있더니라 라고 시작노트에서 밝히고 있듯이 자연을 자연 그대로의 모습으로만 보는 것이 아니라 자신의 내부로 끌어들이는 동화(assimilation) 또는 자신의 감정을 상상적인 세계에 이입시키는 투사(projection)를 통하여 돌아가신 부모님을 그리워하고 있다.

　또 하나 그의 시를 읽다보면 여러 시에서 나타나는 것으로 일상적으로 쓰이는 단어가 아니라 잘 쓰이지 않는 순수한 우리말 시어로 시를 창작해가는 실험적인 시도도 눈여겨 볼만하다. 잊혀져가는 순수한 우리말을 되새겨 보게 되는 오시인의 시도에 함께해 보는 것도 좋을 것 같다. 그러나 한 편의 시에 한, 두 시어는 모르나 의도적으로 많은 시어를 사용하는 것은 고려해 보아야한다.

각다분하게 다가오는 / 야지랑스런 절망들을 / 살갑게 다독이며/오롯이 희망으로

　　곰살궂게 고개 들고 / 동그마니 뒤란에 핀 / 저 어엿함이라니 / 어화, 방짜로고

— 〈방짜로다〉

　　젊은 날 / 온 세상 푸르던 날, / 부여잡은 나무에 제 숨결 새겨지도록

　　나, 저렇게 원 없이 울어 본적 있나.

　　애간장이 끊어질 듯 이어가며 온 몸으로 / 나, 저렇게 生命의 사리 만들어 본적 있나.

　　돌아오라, / 사랑도 눈물도 박탈당한 가난한 그대여!

　　우리, 다붓하게 진탕만탕 울어 보자 / 아귀차게 울 시간도 얼마 남지 않았다네.

— 〈매미 경전競傳〉

　위의 두 시에는 나오지만 일상적으로 잘 쓰이지 않는 낯선 순수 우리말의 시어만보아도 '방짜', '각다분하다', '야지랑스럽다', 오롯이', '다붓하다', '진탕만탕', '아귀차다' 등 매우 많다. 그 외의 많은 시에서도 이와 같은 낯선 시어들을 여러개 발견하게 된다.

가을이 녹는다 / 그리움이 젖는다
내 안의 그리움이란 습기 / 대지에 비 되어 내린다
쪼그라드는 몸뚱이, / 존재의 가벼움
너와 마주하는 / 그런 날
          - 〈비, 그런 날〉

불현듯 / 외로운 육신 내려 놓을 곳 / 어디메뇨
나, / 헛되이 죽지 않기 위해 / 우주 유영遊泳 시작하네
          - 〈민들레 씨〉

낯선 석조 사원 앞에서 / 졸고 있는 물속을 들여다 본다.
어둔 기인 밤을 건너와 / 올망졸망한 그들과 밀어 속삭이는
낮달을 본 적 있다. / 저 천년 사원, 비밀이 탄로 났다
         - 〈그 사원寺院의 비밀〉

 시의 서정성은 운율의식과 결합하면서 힘을 발휘한다. 그리움의 감정은 비가 되어 대지에 내리고, 삶의 정착을 민들레 씨가 공중을 나르는 자연현상에 비유하는 감각적이면서도 운율성을 지니고 있어 간결하면서도 운치 있는 시상전개를 하고 있다. 시가 어려워서 좋을 것은 없다. 시가 어렵다는 것은 시속에 심오한 사상이 깊숙이 들어 있거나 표현 방법이 고단수의 은유로 되어 있거나 독자와 소통이 잘 이루어지지 않는 것이리라. 오시인의 시는 한마디로 독자들이 이해하기가 쉬우며 진실, 소박하다. 어

떻게 보면 너무 단조로워 보이기도 하다.

설익은 기교를 과대 포장하여 돋보이게 한다든지, 장황하게 너스레로 호들갑을 떨지않는다. 그렇지만 읽는 사람들에게는 가슴을 적셔오는 잔잔한 감동을 주고 있다. 프랑스 뷔퐁(Georges Louis Leclerc, Comte de Buffon 1707-1788)은 '글은 곧 그 사람'이라고 말했다. 오시인의 넉넉하고 풍성한 시적 에너지에 맞는 품성과 결코 무관하지는 않으리라고 본다.

그때는 그랬다 / 한 달에 한 번 / 아이들 두 손 나란히 앞으로…
손의 때, 손톱 밑 때, 긴 손톱 검사 / 아이들 일어서, 허리춤, 양말 내려
무릎의 때, 발등의 때, 팬티 세탁 검사

한 달에 한 번 / 수세미 힘을 빌려 끓는 물에 불린 손발
정성껏 문지르신다. / 아들 창피당하지 않도록… / 그때는 그랬다.
지금은 그렇다. / 한 달에 한 번/ 하던 일 멈추고 내 PC 앞으로…
바이러스 백신 최신 업데이트 날짜 / 로그인 패스워드의 분기 1회 이상 변경 여부
시스템의 ID, 암호, 인증서 관리 상태

석 달에 한 번/ 부팅(CMOS), 윈도우, 화면보호기 Password
문자, 숫자, 특수문자 조합한 Password 변경
PC전원 on, 곧바로 'F2' 연속으로 "다다다"…
지금은 그렇다.

그때는 / 건강을 보호하기 위해 / 검사를…
지금은 / 사이버 보안을 위해 / 확인, 변경을…
앞으로는 / 나를 보호하기 위해 / 두건頭巾 하나 마련해야 겠다.
　　　　　　　　　　　　　-〈두건頭巾 하나 마련해야 겠다〉

우리나라에서 / 11cm는 너무 크단다. / 9cm는 너무 작단다. / 10cm가 아주 맞단다.
저쪽나라에서는 / 9cm는 아주 작단다. / 10cm도 너무 작단다. / 11cm도 더욱 작단다.
잣대가 어디서 심어졌는지 / 아무도 어떻게 심어졌는지 / 누구도 알 길이 없다고 한다.
학생도 왜인지 모른다. / 선생도 왜인지 모른다. / 학교도 왜인지 모른다.
그래도 해야 한다. / 그래도 잘해야 한다. / 그래도 더욱 잘해야 한다.
3년 전 보다 나아야 한다. / 3년전 보다 더 멋있어야 한다.
3년 전 보다 인성수준은 모른다.
　　　　　　　　　　　　　-〈학교평가, 똥침 주기〉

현대 문명추구의 과정에서 일어나는 인간성 상실, 교육문제는 인성교육을 통한 미래 환경 등 현대적 맥락의 주제로 다루고 있다. 물론 그의 시는 서정성의 근원적 힘을 바탕으로 하고 있지만 사물을 보는 판단력과 자신에 대한 통찰력이 시속에 드러나고 있다는 것을 알게 된다.

　오시인은 일선의 교육현장에서 학생을 실제로 지도하고 있는 중견간부 교사로서 오늘날의 교육문제를 그냥 지나쳐 갈 수가 없었을 것이다. 과거의 교육이 건강과 인성교육이었다면 오늘의 교육은 성적 위주, 사이버 교육 중시, 교육 미래를 걱정하는 목소리와 공교육 정상화라는 대명제를 앞에 놓고 교육현장에 파도처럼 밀어붙이는 학교평가제의 비정상적인 세태를 조용히 걱정하고 있다.

> 내가 태어나서 자라고 / 자식 둘 만들었던 單獨地番들은
> 이제 地圖조차 표시를 거부하고
> 네비게이션도 고개를 갸우뚱 거린다
> 그래, / 내 고향은 지도 속에 없다
> 그래, / 내 고향은 머리속에 있구나!
> 어린 시절 동무들과 / 앞동산에서 전쟁놀이하던
> 장총같은 막대기를 보며 / 떠올리는 기억 속에 있구나!
> 　　　　　　　　　　　　　- 〈내 고향〉에서

금구면사무소 앞 / 500년된 느티나무 앞에서 버티고 있지만
'예촌'은 다소 초라한 겉모습을 하고 있다.
자그마한 여닫이 열고 들어가니/ 거기엔 어릴 적 맛이 있다
콩나물 밥, 무우비빔밥, 상추비빔국수...
- 〈예촌에서〉에서

비로소 마음의 평온을 찾는다 어버이날, 퇴근길 꽃집에서 /
간택하여 보듬고 찾아간 그 곳 그 곳에는 울 엄니 좋아하던 빨
간 꽃 / 하늘을 향해 속살을 풀고 있다. 그리워 찾아 떠난 그 곳
에서 / 아버지의 전지가위를 든다. 화단 화초들의 가지를 치던 /
울 아버지처럼 나도 그렇게/ 서있다.
- 〈그곳에 가면〉에서

꽃이 지나요? /저 튼실한 열매는요? / 돌아가셨나요?
저 튼실한 손주들은요? / 황홀한 승리자
꽃이여, / 永生하시는, / 님이여, / 새해
새 날이 솟았습니다/ 해가 지나요?
- 〈새해 先山에서 〉

시 내면에는 고향에 대한 유년의 추억과 돌아가신 부모님에 대한 그리움, 사랑하는 가족들과의 행복한 일과, 주의 사람들과의 원활한 소통과, 소박하게 살아가는 삶의 순박한 모습들, 먼 산을 무심코 바라보듯 오늘에서 지난날을 반추하며 다시 한 번

자신의 내면을 성찰해보는 여유, 감사하는 마음과 은혜로움에 대한 무한한 기원 등이 시의 구석구석에 속속들이 배어 있다.

    내 인생의 스승, 아버지, 어머니!
    다만 그리워 그리운 그대의 길을 나 또한 간다.
    세상의 길이 아름답다. / 우리 함께 손잡고 가자.
- 〈서문에서〉

 사랑하는 가족 모두가 가장인 오시인의 생각을 따르며 축하하고, 세상은 보면 볼수록 아름답기만 하고, 모든 것이 내가 생각한대로 이루어질 것 같고, 본 대로 느낀 대로 시가 되어 가슴을 따스하게 더웁혀 주며 몸과 마음이 이렇게 건강하여 시를 읽고, 쓰면서 하루하루를 즐거운 마음으로 살아갈 수 있다는 것에 대한 행복. 자신의 삶에 대한 존재 확인이 얼마나 보람 있고 아름다운 인생의 표본이 아니겠는가? 가족인 아내와 아들, 딸 그리고 아들의 신부가 될 며느리감까지 신뢰와 존경하는 마음에서 정감어린 메시지를 보내고 있으니 오시인은 정말로 존경 받는 가장이자 행복한 시인이다.

    세속의 현상과 논리로부터 거리를 두고 생존해 가는 당신만의
    방편이었음을 알아차렸지요. 당신의 자판소리를 사랑할께요.
- 아내(황. 인. 경.)

아버지의 창고에서 훔쳐본 모든 것들은
앞으로 기인 제 인생 여정의 길잡이 역할을 톡톡히 하리라
믿습니다.
- 아들(호.균.)

'詩人은 아픈 사람이고, 詩의 길은 외롭다.'는 그 말씀.
제 사랑이, 가족의 사랑이, 희망이고 길임을 보여 드리렵니다.
- 딸(희.경.)

부모님과 집안의 사랑을 받기 위해 낮은 목소리에도 귀 기울이며 예쁘게 살아가렵니다.
아버님의 두 번째 시집 발간을 두 손 모아 축하드려요!
- 며느리(이.수.진.)
- 〈가족, 너나들이 길〉에서

건강한 삶의 길을 너와 나가 동행해 걸어가면서 서로 간에 마음을 공유하고 자기성찰의 세계로 건전한 사회를 그려내는 오 시인은 사유의 세계를 조금씩 넓혀 가고 있다. 그러나 자신과 가족, 그리고 밝기만한 환경에 안주하고 있지 않나 하는 생각도 든다. 문명에 오염된 현대의 길을 가면서 헤쳐야 할 가시 숲을 결코 외면할 수는 없다. 부정, 부패, 기아, 폭력, 전쟁, 분단, 환경문제, 되풀이 되고 있는 부조리한 사회문제 등 시인의 시적 에스프리는 변용의 터널을 거치고 있다고 본다.

그의 시에서 서정성의 근원적 힘을 바탕으로 향토적 순수성이나 건강한 인간성을 심어내는 온후한 힘은 시를 읽는 맛을 더해주고 있다 할 것이다. 오 시인이 사물을 보는 상상력과 자신에 대한 통찰력이 상승기류를 타고 있다는 것을 또한 기쁘게 감지하며 많은 시편들이 시적 상상력과 서정성의 튼튼한 기둥 위에다 냉철한 현실의식의 가지가 뻗고 순수성 의에 도시적 감수성의 잎이 돋아난다면 오시인만이 키우는 시의 나무는 튼튼한 재목으로 커가게 될 것이다.

앞으로 오시인의 시적인 과제는 사유의 범위를 조금 더 넓혀 부딪치는 현실 문제를 더 많이 포용하고 문명추구의 과정에서 일어나는 인간성 상실 문제, 남북 분단의 문제, 환경문제 등 현대적 맥락의 다양한 주제들을 폭넓고 밀도 있게 다루어 가는데 있을 것 같다는 생각도 해본다.

주제가 선명하며 솔직한 표현의 글이 감동을 준다
– 각종 백일장 심사평

제2회 "범죄 피해자 보호 및 지원을 위한" 글짓기 작품 심사평

 범죄 피해자를 돕는 따스한 손길과 마음으로 안전하고 행복한 삶을
 우리 국민 모두는 이 사회가 범죄가 없이 안전하고 행복한 삶을 누릴 수 있는 세상이 되기를 소원하지만 뜻하지 않은 범죄로 인한 피해자가 매년 늘어나고 있으며 선량한 피해자들의 인권이 보호받지 못하고 방치하는 경우가 있어 안타까웠다 이러한 사태를 막고, 범죄 피해자를 보호하며 지원하기 위해 노력해온 사단

법인 『대전범죄피해자 예방센터』에서 실시한 제2회 "범죄 피해자 인권 보호" 글짓기 공모는 전년도에 비해 응모한 작품수나 질적인 면에서 향상되고 있음은 매우 고무적인 일이다. 피해자를 이해하고 범죄 피해를 당하지 않는 예방 방법 등을 알리기 위한 글짓기 작품 공모전이 점차로 파급되어 가고 있음은 사회정화를 위해 대단히 바람직한 일이라 생각한다.

심사위원 모두는 본 대회에 응모한 작품 한 편 한편을 상처받은 피해자의 영혼을 어루만지는 심정으로 읽고 또 읽으며 주제와 표현하려는 내용이 분명하고 충실하며 바람직하게 선정 되었는가? 내용이 독자의 흥미를 끌 수 있는 시사성이 제시되어 있는가? 내용을 일관성이 있게 조직해 주어진 주제기 잘 담겨져 있는가? 작품이 창의적인 표현이며 작품의 수준이 인생체험, 나이, 학교 급별 또는 학년성에 맞는가? 등어 심사기준을 맞추어 심사에 임하였다.

초등 운문부에서 눈에 띄는 작품은 김수현(버드내초등학교. 5)의 〈저는 피해자에요〉와 성지륜(샘머리초등학교. 5)의 〈그 때가 되면〉과 유하나(버드내초등학교. 5)의 〈기다림〉 등이었다. 초등학생 작품 수준으로서는 아주 뛰어났다.

김수현 학생은 피해자를 시적 화자로 설정하여 / 잊고만 싶고 생각하기도 싫은 피해자가 갈 곳이 없고 시선이 따라 다닌다며 이를 위로해 줄 친구가 필요하다 / 고 자기 자신이 피해라도 당한 것처럼 시를 비유적으로 표현한 것이 감동적이었다.

중학부 운문부에서 눈에 띄는 작품은 송지현(봉명중. 1)의 〈상처〉에서 상처 받은 어린 나무를 굵은 굴참나무가 돌풍을 막아주고 아카시아 가시로 산새를 쫓아주고 산들바람이 상처를 어루만져주듯 아프고 덧난 상처를 우리들이 아물게 하자는 내용으로 시적형상화를 하였다. 이보배(기성중. 3)의 〈작은 새가 있었다〉와 육사랑의(동대전중. 2)의 〈썩은 호수〉도 시적 표현력은 좀 부족하나 수준 있는 작품이었다

대학·일반부의 운문 작품은 수준의 차이가 좀 많다고 보았다. 임지연(한밭대학교. 1)의 〈가시꽃 나영아〉는 시적 표현력이 뛰어난 작품으로 고통의 한송이 꽃을 바람으로 다듬고 햇빛으로 비춰주듯 범죄와 냉혹한 사회에 싸우지 말고 범죄 피해자를 우리 모두가 지켜줘야 한다는 내용으로 표현 하였고 강은방(전업주부)의 〈미안 미안 정말 미안해〉에서는 실제 상처에서 보다 마음에서 나는 피눈물을 마음으로 닦아주지 못해 미안하다며 오로지 상처는 마음에서 우러나 치료해야 한다는 내용으로 시상을 표현 한 것이 돋보였다.

좋은 산문 글은, 자신의 체험 속에서 소재를 선택해 그에 대한 느낌과 함께 범죄피해자를 보호한다는 주제를 담아 쓰되 진정성과 함께 진솔함이 드러나게 써야 감동을 준다. 체험에서 벗어나 지나치게 생각을 강조하면 감동이 줄어들 수 밖에 없다. 글을 쓰

기 전에 글의 유형을 파악하고 어떤 점에 유의해 써야 하느냐 하는 것이 중요하다. 체험에서 벗어나 오히려 범죄 피해자 보호나 지원에 대한 생각을 지나치게 논문을 쓰듯 주장만 강조하는 글이 눈에 띄어 좀 아쉬운 감도 있었다.

초등학교 산문부에서 눈길을 끈 작품은 대전화정초등학교 3학년 박주여의 「내가 생각하는 범죄피해자란?」이었다. 3학년 학생의 눈높이에서 본 교통사고로 장애를 입은 친구의 이야기가 감동으로 다가왔다. 몸이 불편하게 되었을 뿐만 아니라 교통사고로 정신적 장애까지 입어 이상한 돌출 행동을 하는 친구를 측은하게 생각하는 마음이 잘 묘사되어 있다. 단문이지만 친구를 궁휼이 여기는 마음이, 감동을 느끼게 한다. 대전변동초등학교 3학년 최은서의 편지글도 체험 속에 주제가 아주 잘 녹아들어 있다는 점에서 생각을 지나치게 강조한 고학년 학생들 작품보다 오히려 심사위원의 관심을 모을 수 있었다.

중학교 산문에서는 학교에 따라 작품 수준에 차이가 많았다. 기성중학교와 대전도안중학교 학생들의 작품이 〈범죄피해자 보호 및 지원〉이라는 글짓기의 목적을 잘 이해하고 있었으며 목적에 맞는 주제를 설정하여 내용이 풍부하고 구성도 치밀하였다. 최진서(기성중. 2)는 범죄피해자의 심각한 후유증, 범죄피해자 보호, 범죄피해 예방을 위한 방법 등을 학생 수준에 맞게 한 진솔한 표현 하였고 정하영(대전도안중학교. 3)은 범죄 피해자 보호에 대한 자신의 견해를 설득력 있게 서술하였다.

고등부 산문은 응모 편수나 작품 내용도 전년에 비해 빈약하였다. 대부분의 작품이 작품 공모 목적과 주제에 접근하지 못한 점이 아쉬웠다.

대학·일반부 작품에서는 더욱 범죄피해자 보호에 관한 주제가 강조되고 있었다. 글은, 그 중에서도 문학적인 글은 인간의 체험에서부터 비롯된다는 인식을 해야 한다. 주제가 강하면 자칫 체험 속의 리얼한 글이 아닌, 주장하는 글로 나가기가 쉽다. 한남대학교 경찰학과 3학년 복은지의 작품 「교수님과의 상담」은 소설 형식을 빌어 필자인 '내'가 한 남자로부터 피해를 받는 상황을 아주 리얼하게 표현하고 있다. 상담 형식으로 문장이 치밀하고 농도 짙은 감정의 표현이나 상황 묘사가 심사원의 눈길을 끌었다는 점에서 일단은 좋은 평을 받을 수 있었다. 한국철도공사에 재직하고 있는 최은석의 작품도 주제가 지나치게 드러나는 약점이 있기는 했지만 기억에 범죄패자보호라는 측면과 진원에 관한 생각이 확실하였다.

2014. 12. 3

제2회 호연재 여성문학상 심사평〈시 부문〉

현대와 같은 전자매체 선호의 시대, 바쁜 일상생활 속에서도 시를 사랑하는 마음의 여유를 갖고 꾸준히 시 창작을 하면서 수준 높은 작품을 호연재 문학상에 응모한 앞으로의 여성문인들에게 든든한 미더움을 느낀다.

이와 같은 여성들이 우리 주위에 아름답게 살고 있기에 사회는 밝아지고 우리의 문학이 발전하고 앞으로 정신적 풍요로움은 있지 않겠는가.

전국의 각 곳에서 호연재 여성문학상 시 부문에 응모한 작품은 100여 명이 각 개인당 3~5편씩으로 응모자의 기량을 알기에 충분하였고 작품 한 편 한 편 마다에는 우리 여성들 일상의 삶에서 느낀 진솔한 생각과 보람 있는 생활 모습이 생생하게 글 속에 정성으로 배어 있는 소중한 내용들이었다. 입상권에 든 몇 편은 기성 시인의 작품에서도 발견하기 어려운 시적 형상화의 참신성이 돋보였다.

심사위원은 이러한 내용을 염두에 두고, 단편적인 표현기교의 세련됨보다도 주제가 선명하며, 꾸밈없이 솔직한 표현과, 문학정신이 미래지향적으로 배여 있는 작품에 비중을 더 두어 입상자를 엄선하기로 하였다.

제1차로 선정된 작품은 응모 편수의 30% 선으로 하였고 재심으로 들어가 여기에서 다시 10% 선으로 압축하여 대상, 최우수상, 금상, 은상, 각 1편 씩과 동상 5편, 그리고 우수작품을 엄정히 선정하여 장려상으로 선정하였다.

그 작품 중에 입상 등위는 심사위원의 의견이 일치하는 것부터 다음과 같이 선정하기로 하였다.

2005. 11. 26

평화통일 염원
제12회 전국청소년문화예술경연대회〈시 부문〉 심사평

바쁜 학교 일과 속에서도 문학을 사랑하는 마음의 여유를 갖고 전국청소년문화예술경연대회 백일장에 참가하여 수준 높은 작품을 써서 응모한 미래의 문사, 우리 학생들에게 마음속으로 고마움과 든든함을 느낀다. 이들이 있기에 우리의 문학이 발전하고 앞으로 무한한 가능성이 있지 않겠는가. 입상 여부를 떠나서 칭찬과 격려의 박수를 보낸다. 전국청소년문화예술경연대회 백일장 시 부문에 응모한 작품은 200여 편으로 분량면에서는 다소 아쉬운 감이 있으나 작품 한 편 한 편 마다에는 학생들 일상의 삶에서 느낀 진솔한 생각과 보람 있는 생활 모습이 생생하게 글 속에 정성으로 배어 있는 소중한 내용들이었다. 심사위원은 이러한 내용을 염두에 두고, 단편적인 표현기교의 세련됨보다도 주제가 선명하며, 꾸밈없이 솔직한 표현과, 문학정신이 미래지향적으로 배어 있는 작품에 비중을 더 두어 입상자를 엄선하기로 하였다. 제1차로 선정된 작품은 응모 편수의 30% 선으로 하였고 재심으로 들어가 여기에서 다시 10% 선으로 압축하여 대상 1편과 최우수상, 금상, 은상, 각 3씩과 동상, 특선 몇 편씩을 엄정히 선정하고 그 작품 중에 입상 등위를 모든 심사위원의 의견을 반영하여 만장일치로 결정하였다. 이들 작품에는 얼굴. 친구의 글제가 주제로 뚜렷이 나타났다.

　최종 예선에 오른 작품 중에서는 시 부문에서 청란여고, 안양예술고, 삼척여고, 아산고, 유성여고 학생의 작품은 주제면이나 시적 형상화에서 참신성과 표현하고자 하는 내용이 작품 면면에 흐르고 있어 그 능력이 인정되었다. 비록 표현기교는 압축이 좀 덜되어 산만한 감은 없지 않으나 무리 없이 주제를 표현 내용 속에 이끌어간 우수한 작품이었다.

　전체적으로 볼 때 시적인 이미지의 형상화와 이를 이끌어 가는 호흡이 길지 못하여 표현 내용이 단순 한 점과 상징적이고 비유적인 시적인 함축적 표현보다는 개념적이고 직설적인 표현 어귀가 자주 반복이 되어 아쉬웠고, 입상작품 중에서 일부 작품은 진부한 내용의 나열 등으로 창의적인 내용이 부족한 작품이 있어 조금은 아쉬웠다.

2004. 11. 7

〈대덕백일장〉 고등부 심사평

바쁜 학교 일과 속에서도 문학을 사랑하는 마음의 여유를 갖고 대덕백일장에 참가하여 수준 높은 작품을 써서 응모한 미래의 문사, 우리 학생들에게 마음속으로 고마움과 든든함을 느낀다. 이들이 있기에 우리의 문학이 발전하고 앞으로 무한한 가능성이 있지 않겠는가 입상 여부를 떠나서 칭찬과 격려의 박수를 보낸다. 대덕 백일장 고교생 시 부문에 응모한 작품은 259편, 산문 253편 계 512편으로 작품 한 편 한 편 마다에는 학생들 일상의 삶에서 느낀 진솔한 생각과 보람있는 생활 모습이 생생하게 글 속에 정성으로 배어 있는 소중한 내용들이었다. 심사위원은 이러한 내용을 염두에 두고, 단편적인 표현기교의 세련됨보다도 주제가 선명하며, 꾸밈없이 솔직한 표현과, 문학정신이 미래지향적으로 배여 있는 작품에 비중을 더 두어 입상자를 엄선하기로 하였다. 제1차로 선정된 작품은 응모 편수의 30% 선인 150편이었고 재심으로 들어가 여기에서 다시 반으로 압축하여 시 39편, 산문 38편을 엄정히 선정하고 그 작품 중에 입상 등위를 모든 심사위원의 의견을 반영하여 만장일치로 결정하였다. 이들 작품에는 꿈, 선물, 선생님의 글제가 주제로 뚜렸이 나타났다.

최종 입상에 오른 작품 중에는 시 부문에서 강진아(송촌고), 이종호(보문고), 이윤학(유성고)의 작품은 주제면이나 시적 형상화에서 참신성과 표현하고자 하는 내용이 작품 면면에 흐르고 있어 그 능력이 인정되었다. 비록 표현기교는 압축이 좀 덜되어 산만한 감은 없지않으나 무리 없이 주제를 표현 내용 속에 이끌어간 우수한 작품이었다.

산문 부문의 전민호(유성고), 김민선(충남여고), 김혜원(동대전고) 작품 역시 표현하고자 하는 내용이 선명하고 표현기교가 빼어난 작품이었다. 전체적으로 볼 때 시적인 이미지의 형상화와 이를 이끌어 가는 호흡이 길지 못하여 표현 내용이 단순 한 점과 상징적이고 비유적인 시적 표현보다는 직설적인 표현에 영탄적 어귀가 자주 반복이 되어 아쉬웠고, 산문 부문에서도 진부한 내용의 나열 등으로 창의적인 내용이 부족한 작품이 있어 조금은 아쉬웠다. 비록 입상에는 오르지 못한 작품이지만 문장력에서 가능성이 엿보이고 내용이 참신한 작품도 여러편 있었지만 편수의 제한으로 고고생 응모 작품의 15%에 해당하는 시, 산문 77편을 입상작으로 선정한다.

2000 . 4 .5

99 해군 진중 창작 문예〈시 부문〉심사평

국토방위와 국민의 안위를 위하여 불철주야로 온갖 고생을 다하면서도 여가시간을 활용하여 수준 높은 작품을 써서 응모한 해군의 건아들에게 국민의 한 사람으로서 고마움과 마음속의 든든함을 느낀다. 이들이 건재하기에 내가 있고 우리가 있을 수 있지 않겠는가? 이들 모두에게 입상여부를 떠나서 격려의 박수를 보내드린다. 99 해군 진중 창작 문예 시 부문에 응모한 작품은 281편으로 한편한편 마다에는 충의정신과 민족의 앞날을 염두에 두고 진중의 생활모습이 생생하게 땀과 정성으로 배어 있는 소중한 내용들이었다. 심사위원은 이러한 내용을 염두에 두고 주제가 선명하며, 단편적인 시적 표현기교의 세련됨보다도 생생한 진중 체험과, 역사의식, 나라와 겨레사랑 정신이 미래지향적으로 배여 있는 작품에 비중을 더 두어 선정하기로 하였다. 제1차로 선정된 작품은 응모 편수의 10%인 28편이었고 여기에서 반으로 압축하여 14편, 그 중에서도 시상작품 수가 9편이었기에 수상작을 만장일치로 결정하였다. 최종 선정된 작품 중에서도 현재호 하사의 〈산하〉는 요즈음 보기 드문 장시로 주제 면이나 시적 형상화에서 역사성과 나라사랑 정신이 작품 면면에 흐르고 있어 그 저력이 인정되었고, 표현기교는 압축이 좀 덜되어 산만한 감은 있으나 무리없이 주제를 이끌어간 작품이었다. 조홍원 상사의 〈아, 해병이여 청룡이여〉 역시 표현하고자 하는 내용이 선명하고 표현기교가 뛰어난 작품이었다. 현재, 과거, 미래의 좌표가 3부에 걸쳐 뚜렷이 나타났고 해병의 믿음직한 기상이 드러난 시였다. 단 상징적이고 비유적인 시적 표현보다는 직설적인 표현에 영탄적 어귀가 자주 반복이 되어 아쉬웠다. 윤지호 일병의 〈혼 불〉 역시 역사성과 군인정신이 투철하게 나타난 좋은 작품이었다. 과거의 조국수호 정신을 상기시키고 이를 본받아 나라를 지키겠다는 굳은 결의 등이 엿보였다. 단 시적인 이미지의 형상화와 이를 이끌어가는 호흡은 길지 못하여 표현내용이 단순하였다. 그 외에도 문장에 저력이 엿보이고 내용이 참신한 작품으로는 장영태 중사의 〈염화강〉과 김길태 원사의 〈거북

선〉이 있었고 내용과 시적 표현에서는 안병운 상병의 〈심연〉, 권용식 하사의 〈바다의 사랑, 어머니의 사랑〉, 유승옥 생도의 〈海人에게〉, 모광종 이병의 〈파도〉 등이 눈에 뛰게 드러났다.

위의 작품 9편을 수상작으로 선정한다.

1999.10.15

분단 비무장지대(DMZ)의 시문학운동

1. 분단 후 비무장지대의 시적 의미

1950년 6·25 전쟁을 겪은 후 열강의 정치적 책략에 휩쓸려 남북한의 분단을 면할 수 없게 되었고 사상과 이념의 분열·대립 속에서 민족사의 불행인 남북 분단을 그 원인과 갈등 구조를 밝히며 이를 극복해 나가는 방법을 모색하는 분단 이후의 문학은 남북 분단을 고정시켜 놓은 비극적인 계기, 분단 상황 자체의 문제성이 분단 이후의 한국사회는 남북 분단의 아픔이나 현실에 대한 의식을 시문학으로 접근하기 시작하였다 전쟁을 불러일으켰던 이념과 체제에 대한 거부와 반항이 싹트기도 했고, 새로운 삶의 지표와 가치의 정립을 위한 몸부림도 시적의미로 스며들게 되었다.

분단이후 비무장지대의 시적 의미는 불화의 죽음지향성에 있지 않고 상호 연동하는 삶과 사랑의 마음에 있다. 비무장의 시, 본연의 정신은 부질없는 논리와 이념 대립에서 빚어진 한국전쟁에 대한 반성이고 모략과 살상과 파괴에 대한 경종이다. 나와 너를 막론한 모든 물리적 정신적 무장을 해제하고 편파적 분석과 가식적 기교를 버리고 개별적 삶과 가치가 존중되는 동시에 상호공존의 공동체적 협동을 이루는 참삶의 회복을 염원하는 담백한 정신이라 본다.

전쟁의 현실을 직접 체험한 전후세대는 폐허의 현실에서 새로운 삶에 대한 전망이 불투명하였다. 한국전쟁은 동존상잔의 비극이 또 다시 가족사의 비극으로 파고들었다. 남북 분단 역사 인식은 가족사적 비극의 실제 체험에서 드러난다.

휴전선 비무장지대는 동서냉전 체제의 역사 현장으로, 가족사의 비극 현장으로 인식하고 냉전 체제의 힘이 서로 부딪치는 비무장지대의 시대사적 의미를 동족상잔의 참화, 가족이 직접 당한 참혹함을 시로 형성화 하였다.

쌀가마니 탄약상자 부상병이 탄 달구지를 보고
노란 까치들이
흰 배를 드러내며 날아간다
후퇴하는 인민군 총뿌리에 떠밀리며
서낭당에 절하고 또 절하던 형님은
그 후에 다신 돌아오질 못했다
오늘도 낮달은 머리 위에서 뒹글고 있지만
빛을 먹은 필름처럼 까맣게 탄 사진을 현상해서
천도재 올린 우리 식구들
절이 멀어질수록 풀벌레 소리로 귀를 막는다
나무껍질처럼 투박해진 세월은
내 얼굴의 버짐처럼 가렵기만 한지
저수지에 돌팔매질을 해
물수제비 예닐곱 개나 뜨던 여름이 오면
형님은 언제나 거기에 있다
6·25를 기억하는 예성강처럼
언제나 거기에 있다

— 함동선 〈형님은 언제나 서른네 살〉

분단 이후 시의 특질은 언어의 가능성과 대상으로서의 현실의 시적 수용에 부심하던 시인들에 의해 드러난다.

후퇴하는 인민군 총뿌리에 떠밀리며 서낭당에 절하고 또 절하던 형님은 그 후에 다신 돌아오지 못했다.

그 때 형님의 나이는 서른 네 살이었다. 처절한 비극적 체험에서 유발되는 정서로 분단의 역사적 인식을 드러낸다.

2. 생사生死의 경계선에서 생명시

'비무장지대(DMZ)'란 소극적인 용어로 남과 북이 무장을 하지 않는다는 의미이지만 반세기 전의 끔찍했던 내전의 소산이며, 적극적이며 항구적인 평화에 이르지 못한 어정쩡한 타협의 증거라는 점에서 그것은 그러하다. '비무장지대'의 '비非'는 언제든지 떼어버릴 수 있는 혹과도 같다. 비무장지대는 죽음의 지반 위에 세워진 평화의 가건물이다. 그곳에서 죽음은 역사적 사실이고, 평화는 불확실한 미래이다. DMZ의 감추어진 메시지는 군사분계선이 단지 '전방지역'에만 국한된 게 아니다. 이 땅 곳곳에, 그리고 우리의 무의식 깊숙이에 까지 그어진 보이지 않는 선이다.

"삼팔선은 삼팔선에만 있는 것이 아니다
어부가 그물을 던지다 탐조등에 눈이 먼 바다에도 있고
나무꾼이 더는 오르지 못하는 입산금지의 팻말에도 있고
사람들이 오고가는 모든 길에도 있고
사람들이 주고받는 모든 말에도 있고
수상하면 다시 보고 의심나면 신고하는

이웃집 아저씨의 거동에도 있다"
    – 김남주 〈삼팔선은 삼팔선에만 있는 것이 아니다〉

비무장지대에는 임시적 평화가 존재한다 해도 여전히 긴장과 갈등이 끊이지 않고 있다. 무장한 남북의 병력이 공공연히 '작전'을 수행하고 있고, 크고 작은 충돌이 일어나고 있다. 최근 오창성 북한 병사의 남한으로 탈출 현장이 비무장지대의 비극적 현실이다.

북한은 한국의 동족이 아니라 적이라는 시각으로 보고 있다. 반공을 국시로 삼고 있을 때 전쟁을 넘어 평화와 통일의 염원을 담고 있어 전쟁 테마 시의 패러다임의 대 전환을 예고한다. 전쟁 상황에서는 언제나 아군의 사기는 최대한 북돋아 주어야 하고 적에 대해서는 최대한 증오하게 한다. 적에 대한 상대주의적 인식이나 적개심에 대한 회의 동정심 따위는 용납될 수가 없다. 절대적으로 편향적인 애국심이 고무, 찬양되고 적에 대한 냉혹한 살상이 영웅화된다.
비무장지대를 연 한국전쟁의 시도 그렇게 시작되었다.

> 모든 유혈은 꿈같이 가고 지금도 나무 하나 안심하고 서 있지 못할 광장. 아직도 정맥은 끊어진 채 휴식인가 야위어가는 이야기뿐인가.

언제 한 번은 불고야 말 독사의 혀같이 징그러운 바람이여. 너도 이미 아는 모진 겨우살 이를 또 한 번 겪으라는가 아무런 죄도 없이 피어난 꽃은 시방의 자리에서 얼마를 더 살아야 하는가 아름다운 길은 이뿐인가.

산과 산이 마주 향하고 믿음이 없는 얼굴과 얼굴이 마주 향한 항시 어두움 속에서 꼭 한 번은 천동 같은 화산이 일어날 것을 알면서 요런 자세로 꽃이 되어야 쓰는가.

— 박봉우 〈휴전선〉에서

영화 〈공동경비구역 JSA〉에서는 판문점 경비구역에 함께 근무하는 남북 병사 사이의 우정이 파국적인 결말로 치닫는 과정을 통해 엄존하는 한반도 군사대결 구조를 고발하고자 한다. 비현실적이다 싶을 정도로 경계와 금기를 넘어서 함께 어울리던 남북 병사가 한 방의 총성에 의해 거의 본능적으로 본래의 적대적 관계로 돌아서는 모습은 대결구조의 뿌리 깊음과 외형적 평화의 부질없음을 아프게 일깨운다.

3. 통합의지의 비무장지대 문학

비무장지대(DMZ)는 가장 첨예한 무장이 지키는 비무장 지역이요. 최대의 민족적 비극의 장으로서 죽음을 각오하고서라도 넘어야 할 장벽인 동시에 평화통일을 위한 기원을 담보하고 있기도 하다. 그의 또한 중요한 가치는 사람이 살 수 없는 곳이면서 세계적 희귀 동식물이 자연 상태로 살고 있는 생태의 보고라는 점에서도 찾을 수 있다.

시학적으로는 침묵 속의 절규가 있고, 갖가지 탐욕과 이념의 충돌 장소이자 그 폐기를 향한 절박한 기원이 공존하는 역설의 장이다. 밀림이 있는 황무지요. 미래가 있는 과거인 것이다. 21세기 전야에 우리 시가 관심을 기울여야할 가장 중요한 테마로 부상하고 있다.

> 그 곳은 산과 산
> 골짜기와 골짜기들이
> 서로 껴안고 한 이불 속에서
> 뜨거운 꿈을 꾸는 마을
> 피라미 메기 중태기 물방개 오줌싸개
> 애기똥풀 각시붓꽃 메꽃 조뱅이 민들레 마타리
> 칡덩굴 머루덩굴 노루 토끼 멧돼지 고슴도치
> 때까치 굴뚝새들이
> 옛날 그대로 살고 있는 마을
> 철조망 탄피 철모 찢어진 군화짝들은
> 한여름 푸르고 무성한 풀줄기들에 의해

기름진 흙으로 돌아가고
묘향산 기슭 가야산 들녘 넘나들던 새들이
둥지를 틀고 새봄을 맞이하는
옛 마을 동구 주막집터 느티나무
그 느티나무 가지와 잎사귀에서 빛나는 (중략)
　　　　　　　　　　　　　- 심상운 〈비무장지대〉에서

　비무장지대가 단지 총부리를 겨누고 있는 전방이라는 생각을 잊게 해주며 평화스럽고 안락한 비무장지대의 풍경을 그려내고 있다. 산과 산골짜기와 골짜기들, 우리가 소망했던 모습이며 서정적 자아의 통일에 대한 그리움이 흠뻑 묻어나고 있다. 화자는 비무장지대엔 휴전되기 이전의 풍경이 그대로 남아 있을 것으로 확신하고 있으며, 이러한 확신은 통일에 대한 확고한 믿음이기도 하다는 옛것을 그대로 간직한 비무장지대만이 대립된 이념 대립으로 골이 깊어진 관계를 개선할 수 있다고 본다. 비무장지대(DMZ) 시학의 한 지향점은 유토피아적 환상을 불러일으키며 구체성을 확보하고 있다. 시에서 비무장지대의 풍경을 환상적으로 그리고 있는데, 아직까지는 비무장지대가 "고통의 땅"이거나, "치욕의 역사임"을 상징한다. DMZ가 고통, 치욕이기보다 평화, 축제의 장으로 등장한다 지배자 / 피지배자의 구별이나 차별이 없는 평화와 축제의 공간이다. 비무장지대에는 평화롭게 살고 있는 동식물들을 비유하여 통일에 대한 염원을 나타내고 있다.

4. 생태 보호적 분단극복의 과제

　남북 교류가 활성화 되어도 비무장지대는 보존해야 한다. 그 이유로는 남북통일은 전쟁을 통한 무력통일이 아니라 평화통일이어야 하는데 평화의 유지를 위해서는 비무장지대가 존속되어야 한다는 이유에서이고, 또 하나는 비무장지대는 생태의 보고요, 모든 동식물의 해방구로 자리 잡고 있다는 점에 있다.

　비무장지대는 지난 반세기 가까이 사람의 손이 미치지 않는 가운데 동식물의 보고가 되었다. 인간의 비극이 여타 생명체에게는 천혜의 축복으로 작용한 셈이다. 비무장지대를 일종의 '생태공원'으로 삼자는 생각은 여기서 출발한다. 비무장지대를 유네스코의 '접경 생물권 보전지역'으로 지정하는 등 국제 생태공원으로 조성하는 방안을 마련하여야 한다.

　　6월의 산하에는 멧돼지와 산양, 고라니 가족들과 기러기떼만 날고
　　산 능선 따라 동의나물. 산딸기와 평야의 초지엔 크고 작은 야생초
　　돼지풀, 개망초, 양지꽃. 원추리, 양지 언덕엔 할미꽃, 노랑제비꽃
　　계곡습지에는 무당개구리 알알이, 산 복판엔 싱싱한 습지 식물들과

땅과 물 사이에 작은 생명체들이 6월의 사연을 담아 꽃으로 피어난.

갈까마기 몇 마리만 자유롭게 날고, 연어는 남북을 지나 태평양으로
음지가 된 민통선 이남에 핀 양지꽃, 꼬리조팝나무, 벚꽃, 복사나무
늪지, 건습초원, 관목습지, 산림습지, 유월의 총탄에 유린당한 국부엔
자궁을 지켜온 토종 생명체는 숨고 외도로 유입된 외국산 동·식물들이
외아들 바친 할머니, 새신랑 보낸 새새댁 가슴밭을 글로벌화해 가고.
 - 전 민 〈6월의 산하에는 - 비무장(DMZ)지대〉

인간들의 전쟁이 지나간 자리에 인간이 아닌 모든 평화와 안존이 가장 인간적이어야 할 조화로운 모습을 보이고 있다. 평화란 천국이 아니요, 인간이 아닌 원시의 모습도 아니다. 오직 가장 원시적인 삶과 삶끼리 가장 근원적인 조화를 이루는 가운데에 존재한다. 비무장(DMZ)지대인 〈6월의 산하에는〉 '멧돼지와 산양, 고라니 가족들과 기러기 떼', 그리고 '동의나물. 산딸기와 돼지풀, 개망초, 양지꽃, 원추리, 할미꽃, 노랑 제비꽃', '계곡습지에는 무

당개구리 알알이, 산 복판엔 싱싱한 습지 식물들과 땅과 물 사이에 작은 생명체들이' 각자의 삶을 누리며 조화를 이루고 있는 삶의 터전이 되어 있다. 그러나 또 다른 전쟁의 자리가 되어 그곳에서는 '유월의 총탄에 유린당한 국부엔 자궁을 지켜온 토종 생명체는 숨고 외도로 유입된 외국산 동·식물들이 외아들 바친 할머니, 새신랑 보낸 새 새댁 가슴밭을 글로벌화해 가고' 있다.

1990년대 이후 이른바 생명시의 중심이 된 시인 김지하가 갈망하는 바도 비무장지대의 시적 지향점에서 멀지는 않아 보인다. 아니 비무장지대 비극의 근본적 원인과 자연생태 보존의 의의를 생각할 때, 에로스적 인간의 순진한 삶의 회복이 그 통합적이고 본질적인 방향이 되는데, 그의 생명시는 그 지향점에 부응한다. 나아가 앞으로 비무장지대의 시학이 나아갈 중요한 방향을 시사한다 할 수 있다.

> 휴전선에 잘린 경의선 / 경의선 화통
> 그것을 타고 내가 당신에게 갈 수 있다면
> 그 기관차를 / 새파란 동백잎, 빛나는 유자 무더기, 향기 짙은 치자꽃으로,
> 무화과들로 가득 채우고 싶다.
> 그리고 못난 내 얼굴에라도
> 함박꽃 같은, 달덩이 같은 째진 웃음지어 만나고 싶다

나 오늘 눈 내리는 원주 거리에 다시 서서
다시금 남쪽으로 돌아갈 자리에 서서
거리를 질주하는 영업용 택시를 보며
경의선 끊어진 철로 위에 / 홀로 남겨진 기관차 속에 홀로 남을
민족의 외로움을 생각하며 / 소주 한 잔을 국토 위에 붓는다
아 아 꽃들이여 / 너희들의 영광은 언제 오려는가.
- 김지하 〈녹슨 기관차 가득히 꽃을〉에서

비무장지대의 시문학 운동은 생태 보호적 차원과 분단극복의 민족적 과제를 동시에 유기적인 통일체로 껴안는 데에 그 본령이 있는 것이다. 아리스토텔레스는 전쟁의 목적은 평화라고 했다. 그러나 전쟁은 인류가 존재하는 한 계속되어진 인류의 최대 적이다. 전쟁은 가장 비천하고 죄과가 많은 무리들이 권력과 명예를 서로 빼앗는 상태를 말한다고 L. N. 톨스토이는 말한다. 전쟁은 무엇보다도 참혹한 것이며 야만적이고, 인간으로 하여금 가장 비인간이게 하는 수단으로써 행해지는 것이다. 이러한 전쟁이 휘몰아간 비무장지대(DMZ). 그러나 세월이 흘러 그곳에는 평화가 가득하다.

5. 분단 극복과 통일 염원 시

문학은 한 시대를 그리며 시대정신을 담아내는 데 그치지 않고 시대를 이끄는 역할까지 한다 통일 염원 시는 분단을 해소하거나 극복하고 통일을 지향하거나 추구하기 위한 시를 가리킨다. 남가 북 사이에 서로를 이해하고 이념적 차이를 줄이거나 극복하며 교류와 협력을 늘리는 가운데 평화통일을 지향할 수 있도록 이끌어주는 역할이다.

북한 동포가 한 핏줄이라 할지라도 남한 사람들이 도와줘야 할 사람들이란 생각을 가지고 통일을 꼭 해야 하느냐는 생각을 하고 있는 사람들도 있다. 통일에 대한 젊은 세대들의 무관심이나 반대를 줄일 수 있도록 분단의 심각한 폐해와 통일의 엄청난 편익을 재미있고 설득력 있게 그려내는 통일을 주제로 한 문학이 필요하다고 본다.

> 끊어진 철길이 동네 앞을 지나고
> '금강산 가는 길'이라는 푯말이 붙은
> 민통선 안 양지리에 사는 농사꾼 이철웅씨는
> 틈틈이 남방한계선 근처까지 가서
> 나무에서 자연꿀 따는 것이 사는 재미다
> 사이다병이나 맥주병에 넣어두었다가
> 네댓 병 모이면 서울로 가지고 올라간다

그는 친지들에게 꿀을 나누어주며 말한다
"이게 남쪽벌 북쪽벌 함께 만든 꿀일세
벌한테서 배우세 벌한테서 본뜨세"
- 신경림 〈끊어진 철길〉에서

미국과 중국의 패권 경쟁에 한반도가 휩쓸리며 통일이 쉽게 다가오지도 않고 있다. 군사적으로는 미국에 경제적으로는 중국에 지나치게 의존하고 있는 한국은 두 강대국의 눈치를 보며 어떻게 줄을 서야 할지 갈피를 잡지 못하는 모양새다.

일본이 역사를 왜곡하며 한반도에 대하여 비호의적이고 중국을 견제하기 위해 이를 비호하는 미국의 눈치를 보고 있다. 모두가 남북 분단 때문에 빚어지는 현실이다. 바로 우리는 미국과 중국 등 외세의 영향력이나 압력에 휘둘리지 않고 민족의 얼을 지킬 수 있는 길을 밝혀주는 문학이 나와야 할 절실하다고 본다.

이런 꿈은 어떻겠오?
155마일 휴전선을
해뜨는 동해바다 쪽으로 거슬러 오르다가 오르다가
푸른 바다가 굽어 보이는 산정에 다달아
국군의 피로 뒤범벅이 되었던 북녘땅 한 삽
공산군의 살이 썩은 남녘땅 한 삽씩 떠서
합장을 지내는 꿈,
그 무덤은 우리 5천만 겨레의 순례지가 되겠지

그 앞에서 눈물을 글썽이다 보면
사팔뜨기가 된 우리의 눈이 제대로 돌아
산이 산으로, 내가 내로, 하늘이 하늘로,
나무가 나무로, 새가 새로, 짐승이 짐승으로,
사람이 사람으로 제대로 보이는
어처구니없는 꿈 말이외다
― 문익환〈꿈을 비는 마음〉

  자신의 꿈을 두고 "어처구니없다"고 말하지만, 그 꿈이 〈잠꼬대 아닌 잠꼬대〉로 나아가고, 그 '잠꼬대'에 따라 시인이 직접 평양을 방문한 것은 잘 알려진 사실이다. 시인은 '온몸으로 온몸을 밀고나가는' 시를 쓴 셈이다. 시인은 비록 그 일로 말미암아 옥고를 치르기도 했지만 그의 '꿈'과 '잠꼬대'는 시인이 없는 지금도 점차로 현실로 옮겨가는 중이다.

이 다리 반쪽은 네가 놓고
나머지 반쪽은 내가 만들고
짐승들 짝지어 진종일 넘고

강물 위에서는 네 목욕하고
그 아래서는 내 고기 잡고
물길 따라 네 뜨거운 숨결 흐르고

조상님네 사랑 이야기
만주 넓은 벌 말 달리던 이야기
네 시작하면 내 끝내고
초저녁달 아래서 시작하면
새벽별 질 때 끝내고

백두산에서 한라산까지
너와 내가 닦고 낸 긴 길
형제들 손잡고 줄지어 서고
철조망도 못 막아
지뢰밭도 또 못 막아

휴전선 그 반은 네가 허물고
나머지 반은 내가 허물고
이 다리 반쪽을 네가 놓고
나머지 반쪽은 내가 만들었듯

— 신경림 〈승일교 타령〉

   승일교라는 이름에는 몇 가지 이야기가 전하고 있는데 그중 하나는 남쪽에서 반을, 북쪽에서 반을 놓은 것을 보고 어느 노무자가 이승만의 '승承'자와 김일성의 '일日'자를 따다 붙였다는 설이있다. '승일교'는 임진각에 있는 '자유의 다리', 판문점에 있는 돌아오지 않는 다리'와 함께 우리가 분단국가임을 알려주는 매우 상징적인 장소이다.

　금강산 관광, 이산가족 상봉에 이은 경의선 연결, 남북 정상의 회담과 교차 방문이 이미 실현되었거나 일정표를 기다리고 있다. 이런 움직임이 비무장지대의 잠정적 평화를 확정적인 것으로 바꿀 수 있을까. 시인은 이승만과 김일성의 이름자 하나씩을 따서 명명했다는 한탄강 '승일교'의 건설 사례에서 바람직한 방향을 볼 수 있다.

　비무장지대를 평화 및 생태 기념지로 활용하여 남북평화박람센터를 건립하고 남북한 주민은 물론 평화를 사랑하는 세계인들이 이곳을 방문하여 문학작품을 상호 교류하여 이질화 된 문학을 서로 교류하며 갈등을 해소하는 예술 활동의 장을 마련하자는 제안을 해본다.

고등학교 교가 가사에 담긴 대전의 정신

Ⅰ. 학교문화 창달과 교가

교가는 학교의 상징이며 애교심, 애향심, 애국심을 드높여주는 역할을 한다.

국어사전에서 교가는 "학교를 상징하는 노래. 학교의 교육 정신이나 특징 등을 내포하고 있다." 또한 "가사란 가곡歌曲이나 오페라(Opera) 등에서, 노래의 내용이 되는 글"이라 하였다. 교가는 학생들이 다니고 있는 학교의 자랑과 더불어 길이 영광이 있기를 찬양하는 것이 원칙인 노래요 가사란 그 노래의 말이라 정의할 수 있다.

교가는 일시적인 대중가요와는 성격이 다르다. 성장하는 학생들이 평생을 두고 가슴속 깊이 간직하는 애교심의 표상이 된다. 학교에 입학하는 학생이 제일 먼저 배우는 노래가 교가로 그 교가에 담겨 있는 뜻을 되새기며 바르게 자라도록 교육을 받는다. 교가는 학교의 교육이념을 칭송하고 학교의 지역적 특성, 자연의 아름다움, 그 지역의 역사나 풍토를 가사에 표현하고 있으며, 학생들에 대한 바램, 받아들여야 할 정신이 담겨져 있다.

학교문화 유산의 하나인 교가 가사를 대전광역시 소재 공·사립 고등학교 62개교를 대상으로 수집하여 그 가사에 담겨진 내용을 분석하여 교가에 대한 애착심은 물론 앞으로 학교문화가 나아갈 바른 방향이 무엇인가와 교가 가사에 담겨진 대전의 내재된 주요 정신은 무엇인가를 조사, 분석하고자 한다.

표집한 교가 가사는 대전광역시 소재 공립 고등학교 35편과 사립 고등학교 28편, 총 63편으로 교가 가사의 구조, 교가 작사가, 교가 가사 내용, 교가 가사에 담겨진 정신, 앞으로의 교가 가사에 대하여 조사, 분석하였다.

Ⅱ. 교가 가사 구조 분석

대전광역시 소재 고등학교 63개교 교가 가사의 문학적 접근을 위하여, 절(연), 행(줄), 후렴구, 음보 수 등을 구조 분석해 보았다.

1. 1절로 된 교가 가사는 대덕고, 충남고 등 23개교 (37%)인데 2절로 된 교가 가사가 대전고, 둔산여고 등 40개교로 (63%) 더 많았다.

> 겨레의 슬기모인 대덕동산에 / 여명의 밝은 태양 빛을 쏟는다
> 푸른꿈 피워가는 배움의 요람 / 나라의 기둥으로 힘을 닦는다
> 펼쳐라 대덕고교 드높은 기상 / 펼치는 역사 앞에 등불이 되자
>   - 대덕고등학교 교가

> 바른 사람 옳은 도리에 예행함의 나 / 부끄럼 없는 일깨움터에 배운 슬기로
> 극기의 마땅함에 크는 명예로운 예 / 무한을 곧게 뻗어 갈 대전둔산여고
> 보다나은 바램위에 새롭게 태어나 / 알아의 힘의 배움터에 즐거운 우리
> 극기의 마땅함에 크는 명예로운 예 / 무한을 곧게 뻗어 갈 대전둔산여고
>   - 둔산여자고등학교 교가

2. 행(줄) 수로 분석해 보면 후렴구 2행을 포함한 6행으로 된 교가 가사가 전민고, 과학고 등, 가장 많았고 (70%), 4행만으로

이루어진 교가 가사는 대전여고, 우송고 등이 있다. 주로 1행에서는 학교의 위치, 학교에 대한 찬사로 시작되었고 후렴구는 1행보다는 2행으로 구성된 것이 가장 많았다. (75%) 후렴구에서는 학교 이름을 한두 번 반복하는 가사가 대부분이었다.

> 계룡산 정기어린 한밭터전에 / 배움의 열정모아 세워진 전당
> 바르고 똑똑하게 배우고 익혀 / 새 역사 창조하는 동량이 된다
> 성실과 창의로 하나가 되어 / 푸른 꿈 키워가는 곳 대전전민고
>   - 전민고등학교 교가

> 한배님 깊으신 뜻 한발에 어리어 / 맑은 터 장만해 주셔 씩씩한 배움의 무리
> 진리를 찾으려고 구름같이 떼지어든다 / 배움의 고장 대전여고 배움의 고장 대전여고
>   - 대전여자고등학교 교가

3. 본절과 후렴구 수의 경우 본절만으로 구성된 교가 가사 (45%)보다 본절과 후렴구가 함께 구성된 가사가 많았다 (55%).

> 우산봉 정기 받은 배움의 요람 // 미래는 우리의 것 세상을 향해
> 힘차게 웅비하는 반석의 건아 // 슬기로운 생각으로 꿈을 키우고
> 올바르게 행동으로 동량이 되어 // 온누리에 빛내리라 대전

반석고

                                      - 반석고등학교 교가

계룡의 정기 펼친 금병산 아래 // 드넓게 펼쳐진 대덕밸리에
진리의 탐구위해 모인우리들 // 새하늘 우러르며 오늘을 산다
누리에 펼쳐라 드높은 기상 // 세계를 밝혀라 지혜의 등불
그 이름 영원한 대전용산고

                                      - 용산고등학교 교가

4. 음보수별로 보면 본절과 후렴구의 경우 모두가 4음보 보다는 3음보로 된 교가 가사가 많았다.

보문산 / 내달아온 / 용머리 / 언덕에 // 청운에 /오르면 / 계룡이 / 날아든다
이 한밭/ 중심에 / 자리잡은 / 우리학교 // 보람은/ 수련의 / 도량을/ 이룬다
우리는 /진실히/ 배워 /나간다// 나날이/ 새롭게/ 갈아 / 나가네
이윽고 / 나라의 / 기둥이 / 되련다 // 복된 / 시대의 / 힘이 / 되겠네
아 / 우리학교 / 충남 / 고교 // 영원히 / 무궁히 / 젊음 아 / 모여라

                                      - 충남고등학교 교가

아세아 / 동녘의/ 대한중원에 // 새세대 /역군들이 / 모여든 전당
　　하늘같이 / 높푸른 / 꿈을 키워서 // 오대양/ 육대주로 / 나아갈 우리
　　정열은 / 무지개 빛 / 겨례위하고 //야망은 / 인류위해 / 등불이 된다
　　성실 경애 / 진취로 다져진 / 기상//등대전고 / 온누리에 / 빛이 되리라
　　　　　　　　　　　　　　　　　　　　　- 동대전고등학교 교가

Ⅲ. 교가 가사의 작사가

　교가 가사가 학교집단의 노랫말이라 볼 때 가사를 개인 1인이 지었다 할지라도 개인의 감정보다는 학교사회의 사상에 대한 표상을 나타내기 위하여 창작된 것으로 보아야 한다. 이는 분명 개인적 차원을 떠나 집단적인 차원에서 다루어져야 하므로 교가 가사의 성격은 개인이 학교사회의 지향하는 목표와 사상과 감정을 표상하기 위하여 창작한 집단의 성격을 띤 노래라 본다.
　작사가의 작품 수에 대한 빈도를 조사해 보았더니 한 작사가가 지은 교가 가사가 가장 많았고 (64%), 2편씩의 교가 가사를 지은 작사가는 3명, 3편과 4편을 지은 작사가도 각 1명씩 있었다.

46개교(73%)의 교가 작사가는 초대교장, 재단 임원, 소속 학교 재직교사들의 공동작, 국어과 교사 등이 주로 지었으며 전문적 작사가로 볼 수 있는 원로 교육자나 문인 작사가인 지헌영 4편, 안태영 3편과 임강빈, 김영배, 안명호 시인이 각 2편, 이은상, 이재복, 송백헌, 나태주 문인이 각 1편씩 있었다.

Ⅳ. 교가 가사의 내용

교가 가사는 학교의 교육이념을 칭송하고 교육의 기본과 총론을 담은 단어가 많이 사용 되었으며 대전·충청 지역의 지리적 특성, 역사나 풍토, 자연 경관, 지역의 자랑거리, 받들어야 할 정신, 학생들에 대한 바람 등과 같은 내용이 담겨져 있다. 재학생은 물론 모교를 졸업한 동문들까지도 추억의 공간 속에 깊이 자리한 교가를 함께 부르면서 애교심과 학창시절의 아름다운 추억의 이미지를 마음 깊이 간직하게 된다.

1. 교가 가사에 소속감이나 동류의식을 고조시키기 위한 방법으로 학교 이름이나 '우리학교'라는 친밀한 단어가 어김없이 본절의 마지막 행이나 후렴구 마지막 소절에 반복하여 나오고 교가 가사 내용에 학교 이름이 2회 이상 반복 나오는 곳이 72% 이

상, 4회 연속 나오는 경우도 4개교(6%)가 있었다.

'하나님의 뜻이 있어 세워진 학원'(동방고), '아 그 이름 석봉 학원'(서일고), '배움의 전당인 경덕학원에'(경덕공고) 등과 같이 사립학교의 경우는 재단 이름이나 학교 설립 취지를 밝혀 드러내는 경우도 있다

> 계룡의 정기어린 한밭의 둘레 / 구봉에 솟은 해가 지평을 연다
> 사랑과 우정으로 하나가 되어 / 미래를 창조하는 젊음의 전당
> 아 아 우리학교 영원 무궁히 우리에 빛나리라 / 대전관저고
> — 관저고등학교 교가

> 동해의 푸른 물결 춤추는 아침 / 아세아 동녘벌에 해가 솟는다
> 배움을 씨 뿌리고 행복을 심는 / 우리는 온누리에 횃불로 섰다
> 근면성실 자립으로 힘을 길러서 / 오대양 육대주로 나아갈 우리
> 아 그 이름 석봉 학원 / 아 그 일꾼 대전서일고
> — 서일고등학교 교가

2. 교가 가사에 도시 근교의 산과 강 등의 자연 경관이나, 지역의 역사적 자랑 등을 노래한 부분이 많다. 산의 이미지는 절대적 존재를 표상, 정신적 가치를 추구하는 으리 일상생활의 토대로 본다면, 강은 삶의 존재 기반이 되는 생명의 공급원으로 과거

에서 현재를 향한 연속적인 변화를 나타내며 시간과 공간을 동시에 갖는다는 속성이 있다고 본다.

대전 근교의 지명중에서 계룡(계룡산)이 28회로 가장 많았고 금강(11회), 식장산(10회), 보문산(4회), 구봉산(3회), 금병산(2회), 우산봉, 한밭, 대청호, 갑냇물, 유등천 등이 있다.

가오고, 청란여고, 동산고 등은 식장산, 관저고, 대전공고 등은 구봉(구봉산), 남대전고는 보문산, 유성여고, 중일고는 금병(금병산), 신탄진고(새일벌, 여울이듯), 반석고는 우산봉 등과 같이 학교 소재지에서 가까운 산이나 강, 지역의 고유이름을 교가 가사에 넣은 경우도 많다.

지역 범위를 대전권에서 더 확대하여 아세아, 한반도, 장백, 동방, 중원(3회), 청운(2회), 동해, 백마강 등도 있다.

> 장백의 정기 모딘 계룡의 둘레 / 유유천년의 백마강이 구른다
> 화려한 강산은 피는 듯 맑았나니 / 향기는 대전에 대고의 동산
>   - 대전고등학교 교가

> 참 되어라 쓸모 있어라 끝까지 / 계룡산 높이 솟아 하늘을 찌르고
> 금강수 흘러흘러 끊임이 없고나 / 높음을 본받아서 이상을 삼고

한없이 깊은 강물은 우리의 뜻일세 / 옛일을 배워서 앞날을
개척하리
참되고 쓸모 있어라 끝까지 / 보문의 건아
- 보문고등학교 교가

3. 고등학교 교가 가사에 많이 나오는 단어는 학교 이름 외에도 빛나리라(21회), 온 세상(19회) , 영원, 무궁(11회), 온누리, 찬란한(8회), 성실(5회), 사랑, 성실, 횃불, 꽃피우자(4회), 조국, 밝은 미래, 역사창조, 푸른 꿈, 새 역사. 역사 창조(3회) , 청운, 젊음, 큰 꿈, 슬기로운, 펼쳐라, 선비, 진리탐구, 정의, 희망, 우정, 소망, 순결, 역경, 일꾼, 밝히자 등이 많다.

빛내리라, 온 세상, 영원무궁한, 푸른 꿈, 높은 이상, 진리 탐구 등과 같이 교육의 총론을 담은 원론적인 단어들이 비교적 많다. 미래 국제화사회에서 요구되는 덕목인 세계, 창조, 인류, 세상 등과 같은 현대적인 단어도 있다.

계룡의 정기 펼친 금병산 아래 / 드넓게 펼쳐진 대덕밸리에
진리의 탐구위해 모인우리들 / 새 하늘 우러르며 오늘을 산다
누리에 펼쳐라 드높은 기상 / 세계를 밝혀라 지혜의 등불
그 이름 영원한 대전용산고
- 용산고등학교 교가

식장산 봉우리에 아침해 떠오르니 / 어둠의 온누리 밝힐 영원한 배움터
　　큰 꿈 뜨거운 열정 도전의 가오인여 / 연마한 자혜로 나라의 기둥되자
　　세상의 횃불 되자 / 영롱히 빛나리 대전가오고 / 무궁히 뻗어가리 대전 가오고
- 가오고등학교 교가

Ⅴ. 교가 가사에 나타난 정신

1. 교가 가사는 학생들이 평생을 두고 마음에 간직하는 애교심의 심벌이 되어 졸업한 후에도 모교에 대한 단결력을 과시하는 등 학창생활의 아름다운 추억을 되살려주는 기폭제 역할을 한다.

학생들은 교가 가사를 통하여 지식과 능력의 차이를 창조적 에너지로 전환하여 역동성을 살려내고, 서로에 대한 믿음과 배려심 등이 우연중에 몸에 배이게 하며, 앞으로 지향해야 할 인간상이나 바램 등이 담겨 있다.

　　* 근면 성실 자립으로 힘을 길러서 /오대양 육대주로 나아
　　　갈 우리(서일고 교가)

* 하늘과 조국의 부름을 받아 / 대한의 건아로 이룩한 동산 (대성고, 대성여고 교가)
* 계룡산 정기어린 한밭벌에 / 나라와 겨레위해 모인 우리들 (대전계룡공고 교가)
* 계룡산 정기 내려 슬기로운 이곳 / 참 배달의 애국정신 길 이길이 뻗어왔네 (만년고 교가)

2. 교가 가사 내용 중 평범한 단어 하나하나에도 학교의 교육목표·이상실현, 진리탐구 등이 스며든 근면 성실한 면학정신이 배어 있다. 교가를 부르며 그 가사에 담긴 내용을 익히며 학생들이 스스로 자부심을 갖고, 지혜와 슬기를 함양하여 사회에 기여하고 새 삶을 개척해 나아가길 바라고 있다.

* 계룡산 높은 뜻 날로 우러러 / 학문의 길은 하나 꿈도 새롭게 (과학고 교가)
* 계룡의 정기모아 가슴에 안고 / 미래를 창조하는 기술의 요람 (대덕전자기계고 교가)
* 젊음의 상징은 대전괴정고 / 하나하나 배우고 갈고 닦아서 (괴정고 교가)
* 계룡산 정기어린 노은벌 위에 / 푸른꿈 펼쳐가는 배움의 전당 (노은고 교가)

3. 교가 애송을 통하여 지적, 미적 교육을 조화시키고 창의력을 계발하며 애국심·애향심·애교심을 불러일으키고 있다.

교가 가사에는 학교의 소재지 위치, 지역의 역사나 풍토, 지역경관, 자랑거리가 반영되어 있어, 이를 애송하면서 지역의 정체성 회복과 상징성 강화를 위한 이미지를 마음 깊이 간직 하려는 애향심이 담겨있다.

- * 빛나는 백제얼 새겨진 자취 / 도안벌에 비상하는 젊음의 터전 (도안고 교가)
- * 화창한 식장산에 새봄빛에 / 충무공 그 정신이 꽃피는 동산 (동산고 교가)
- * 유등천 휘감은 오량산 자락 / 사랑과 진실의 배움의 터전 (복수고 교가)
- * 계룡이 날아드는 화암 동산에 / 푸른 꿈 아람안고 젊음이 모였다(대전전자디자인고 교가)

4. 우리민족이 나아갈 미래의 이상과 희망을 찾아 자주 독립의 자세를 확립하고, 찬란한 문화를 꽃피우며 앞으로 더욱 당당하게 인류 공영에 이바지할 세계 중앙무대에 우뚝 설 수 있는 용기와 진취적인 기백의 혼이 담긴 주인공이 되기를 바라고 있다.

- * 동방에서 모여든 젊은이들이 / 밝은 미래 향하여 불을 뿜는다 (경덕공고 교가)
- * 대지에 드디고 선 불굴의 발길 / 수련은 조국으로 멈출 줄 없다 (대전고 교가)

* 내일을 이끌어갈 대전괴정고 / 펼치자 온 세상에 우리의 꿈을 (대전고 교가)
* 누리에 펼쳐라 드높은 기상 / 세계를 밝혀라 지혜의 등불 (용산고 교가)

5. 교가 가사에는 교육이념인 지智와 덕德의 정신이 배어 있다.

지적 발달을 통해 우수한 사람이 되길 바라는 마음을 내포한 '지혜', '슬기', '진리' 배움', '가르침', '갈고 다듬어', '닦아' 등의 단어를 많이 사용하였다.

또한 인격도야를 위한 교육으로 도덕적인 사람이 되길 바라는 마음을 내포하고 있는 단어로 '바른길', '공정', '참됨', '참되자', '마음', '진실한' 등의 단어를 많이 사용하였다

* 청문의 큰 뜻 품고 모인건아들 / 지와 덕을 닦아서 큰 일꾼 되리 (중일고 교가)
* 높은 이상 품에 안고 모여든 우리 / 믿음 소망 사랑 가꾸어 가자 (동방고 교가)
* 예절과 지혜로움 배우고 닦아 / 이 땅의 참여인상 정립하려네 (서대전여고 교가)
* 과학은 나라 힘 앞장에 선다 / 궁리와 탐구는 우리의 일념 (과학고 교가)

6. 학문적으로 지성과 도덕적으로 인격을 갖춘 지식인으로서 과학과 환경이 조화된 미래지향적인 도시에서 역사의 주역으로 커가기를 바라는 정신이다.

대전의 정신에서 그 중요한 뿌리가 선비문화에 있고, 또 우리의 의식 뿌리가 선비정신에 있다고 본다. 학문을 갈고 닦아 진리에 접근해 가고 이것을 통해 사물의 이치를 밝히며, 배워 익힌 바를 성실히 실천하려는 선비정신이 배어 있다.

* 학문의 조리에 믿음과 사랑의 학교 / 충절의 고장 이을 전통의 터전이다 (대전외고 교가)
* 하늘같이 높푸른 꿈을 키워서 / 오대양 육대주로 나아갈 우리 (동대전고 교가)
* 참되고 슬기롭게 갈고 다듬어 / 온 세계 이끌어갈 동량이 된다 (전민고 교가)
* 겨레의 선비정신 한밭 새터에 / 바른길 진리탐구 우리의 사명 (송촌고 교가)

VI. 앞으로의 교가 가사

정보화, 국제화 사회를 개척해 나아갈 미래의 주인공인 학생들이 애송하면서 올바른 가치관 형성에 기여할 교가 가사가 현대적이고, 진취적인 언어(세계, 이상, 창조, 과학, 정열, 야망, 인류 등의 단어) 보다는 교육 원론적인 추상어가 대다수를 차지하고 있어(학교 이름, 우리, 찬란한, 온누리, 배우자, 빛내다 등의 단어) 앞으로 교가 가사도 시대에 맞추어 변화해야 한다고 본다.

 지금까지의 교가 가사가 획일화된 경건한 분위기 속에서 창작 되었다면 앞으로의 교가 가사는 즐거움을 주는 신바람 나는 교가 가사로 학교의 교육목표에 새롭게 접목한 국악, 가요, 재즈, 팝 등 다양한 장르의 형식으로 창작, 보급하여 역동적이고 진취적인 학교문화 형성에 기여해야 할 것으로 본다.

 시대에 알맞지 않는 애매한 말이나(거룩흔, 장백에 정기 모딘, 남팔아 남아 등의 단어) 현행 문법으로 알맞지 않는(갈딱을, 자랑찬 정기탄, 드디고 선, 멈출 줄 없다 등의 단어) 문맥상 어색한 가사를(도댤스레서 있다, 천혜로 북극성, 빛났더라, 바룻이 치렀느냐 등의 단어) 현대에 알맞는다며 다른 단어로 바꾸어 버리면 동문들의 선·후배 간에 의사소통이 단절되어 모교에 대한 지금까지의 애교심과 학창시절의 추억이 약해질 수도 있을 것이다.

 일부 학교에서는 교가를 전면 바꿔야한다거나 시대에 알맞는 단어가 담긴 가사로 일부를 개사해야한다고 주장하는 편과 절대로 개사 할 수 없다는 동문들의 의견이 팽팽이 맞서 갈등을 일으키는 경우도 있다.